POUR UNE ÉCONOMIE HUMAINE

Mgr Pierre d'ORNELLAS
Yves MORVAN
avec soixante et onze acteurs
de la société civile

POUR UNE ÉCONOMIE HUMAINE

SALVATOR
103, rue Notre-Dame-des-Champs
F-75006 Paris

Yves Briend Éditeur S.A.
103, rue Notre-Dame-des-Champs F-75006 Paris
www.editions-salvator.com
contact@editions-salvator.com

Maquette intérieure : Atlant'Communication
Maquette de couverture : François Sargologo

ISBN : 978-2-7067-1477-1

Avertissement

Thomas Gueydier

Le présent ouvrage est l'aboutissement d'une démarche proposée par Mgr Pierre d'Ornellas, archevêque de Rennes, Dol et Saint-Malo, à soixante et onze habitants d'Ille-et-Vilaine, dont onze étudiants et quatre séminaristes (cf. liste complète à la fin de l'ouvrage; p. 175). Sollicitées directement ou indirectement par l'intermédiaire d'une connaissance impliquée dans le projet, ces personnes se sont retrouvées en équipe pendant près de trois mois. Elles ont réfléchi à notre économie à partir d'un document rédigé par Yves Morvan, professeur émérite des Universités et ancien président du Conseil économique et social[1] de la région de Bretagne, qui proposait cinq grandes mutations de notre économie.

Après la réflexion proposée en **ouverture** par Mgr Pierre d'Ornellas, le **premier chapitre**

1. Le Conseil économique et social régional, créé en 1972 et précisé par la loi du 6 février 1992, deviendra le Conseil économique, social et environnemental régional, l'actuel CESER, en 2008, ce que précisera la loi du 12 juillet 2010.

du livre, signé par Yves Morvan, reprend les grandes lignes de son document et définit les cinq mutations. Le **second chapitre** présente une synthèse rédigée à partir des comptes rendus réalisés à l'issue de chaque réunion de travail des équipes. C'est principalement à partir de ce second chapitre que Mgr d'Ornellas a rédigé son **ouverture**.

Trois regards différents sont donc présentés dans ce livre. Articulés entre eux, ils sont ensemble d'une grande richesse. Chaque lecteur y trouvera son compte pour réfléchir à une économie plus humaine au sein d'une société qui connaît de grandes mutations.

Merci aux étudiants et aux séminaristes engagés dans la démarche, qui ont été les secrétaires de ces équipes et qui ont rédigé les comptes rendus en recueillant fidèlement la richesse des échanges en vue de rédiger le second chapitre.

La synthèse présentée dans ce second chapitre, expose une grande variété de points de vue. Il va sans dire que ces derniers ne sauraient être attribués intégralement à chaque contributeur en particulier. Cependant de multiples convergences se font jour par-delà les questions en débat.

OUVERTURE

L'utopie, une lumière en notre société incertaine

MGR PIERRE D'ORNELLAS[1]

Depuis dix ans, dans mes pérégrinations en Ille-et-Vilaine pour aller à la rencontre des communautés chrétiennes, j'ai visité de nombreuses fois des entreprises, des exploitations agricoles et des institutions de santé. Ces visites m'ont permis d'écouter et de voir. J'en suis toujours sorti enrichi, souvent admiratif, parfois interrogatif, quelques fois rempli de compassion pour des souffrances entendues.

L'écoute, indispensable pour mieux analyser

J'ai donc voulu me mettre davantage à l'écoute d'acteurs économiques de terrain. Cela s'est fait en deux temps qui ont été précédés par

1. Archevêque de Rennes, Dol et Saint-Malo depuis le 27 mars 2007.

une réflexion sur la « créativité » dans l'entreprise auprès d'une cinquantaine d'entrepreneurs variés[1].

D'abord, grâce à l'amicale complicité de Yves Morvan et à sa connaissance du monde économique bretillien et breton, j'ai pu entendre différents acteurs. Chacun, selon sa spécialité, a proposé de manière prospective ses analyses au sein d'un séminaire où se rassemblaient quelques entrepreneurs. Je les ai entendus réagir à ces analyses.

Puis, grâce à la présentation personnelle et compétente de M. Morvan sur les mutations contemporaines de notre économie, j'ai pu écouter les réactions d'acteurs de terrain qui ont débattu ensemble à partir de cette présentation. Je remercie vivement M. Morvan d'avoir permis toute cette réflexion que j'ai reçue avec beaucoup d'intérêt. Celle-ci est consignée dans les pages de ce livre. Merci aux soixante et onze personnes qui l'ont produite et qui ont accepté qu'elle soit mise par écrit.

Il est évident que je n'ai pas de solutions à proposer pour l'action économique. Il est clair aussi que je ne cherche pas à prendre parti pour telle ou telle manière d'agir. Je respecte celles et ceux qui ont à mener des actions, car, à des titres divers, ils engagent leurs responsabilités, parfois au sein de situations éminemment complexes.

1. Le fruit de la réflexion sur la « créativité » a fait l'objet d'une vidéo à regarder sur : http://rennes.catholique.fr/creativite.

Je n'ignore pas l'angoisse de certains acteurs économiques, en particulier quand le spectre du chômage se fait proche.

La méditation partagée en vue d'un discernement avisé

Tous, nous ressentons que nous sommes en période de mutation, au-delà d'une crise conjoncturelle. Sans rester sur la berge à deviser, beaucoup s'engagent sur le terrain pour y travailler, avec enthousiasme ou anxiété, mais sans regarder en arrière. Certes, cela comporte des risques qui sont inévitables mais sans doute nécessaires pour accompagner ces mutations, d'autant plus qu'elles sont rapides, pas toujours contrôlées ni anticipées. Celles-ci imposent à tous le devoir de prendre du temps pour se rencontrer, analyser, avoir du recul, partager des pratiques, bref… pour prendre soin de soi, pour respirer.

Une mutation frappe tout le monde. Le temps s'accélère au point de ne plus être humain, c'est-à-dire conforme aux rythmes des humains, faits de chair et d'esprit, de relations et de désirs, de besoins et de durées. Ne nous laissons pas voler le temps ! Faisons l'éloge de la lenteur propre à la pensée qui médite[1], alors que les « robots intel-

1. Cf. Martin Heidegger, *Sérénité, in Questions III*, Gallimard, p. 163. Voir : http://www.politique-autrement.org/Martin-HEIDEGGER-La-pensee-calculante-et-la-pensee-meditante.

ligents » et « l'intelligence artificielle » agissent et calculent prodigieusement vite. Permettons les relations humaines véritables qui construisent durablement.

Quoi qu'il en soit, l'économie n'attend pas. Elle requiert des femmes et des hommes qui décident sans tarder, en raison même du contexte social, technique et mondial. Elle voudrait être juste au sein de concurrences intrépides et sans états d'âme, voire « sans pitié » (p. 60), que ce même contexte suscite. Elle exige plus que jamais un discernement avisé, fruit d'une méditation partagée, pour offrir des chemins où labeur, justice et bonheur se conjuguent pour tous, dans la fraternité.

La gratuité qui favorise la parole engagée

Si l'Église n'a pas, comme je l'ai dit, de solutions techniques à proposer, elle se veut proche des hommes et des femmes de son temps. Elle fait siens leurs joies et leurs espoirs, leurs tristesses et leurs angoisses. Depuis toujours, elle recueille avec joie[1] toutes les initiatives de celles et ceux qui servent avec éclat l'inaliénable dignité des personnes et la paix dans les

1. Selon la pensée exprimée par l'Apôtre Paul quand il écrit aux chrétiens de Philippes : « Tout ce qui est vrai et noble, tout ce qui est juste et pur, tout ce qui est digne d'être aimé et honoré, tout ce qui s'appelle vertu et qui mérite des éloges, tout cela, prenez-le à votre compte » (Philippiens 4, 8).

sociétés et entre elles. Elle le fait avec espérance car elle sait qu'au milieu des difficultés, les êtres humains sont capables de s'ouvrir à des horizons prometteurs, « d'élargir de nouveau le regard », comme vient de le souligner le pape François quand il a tiré la sonnette d'alarme à propos de l'écologie[1].

Au plus près des réalités économiques et sociales, celles et ceux que j'ai écoutés – spécialement dans le cadre de la démarche dont ce livre est l'aboutissement – manifestent le « génie » de l'intelligence humaine qui, confrontée aux problèmes complexes du travail dans la société contemporaine, cherche à discerner les voies d'une juste économie. Qu'ils partagent ou non la foi catholique, chacun d'eux témoigne à sa manière de la grandeur de la raison quand elle cherche le bien.

Cette recherche se déploie plus aisément au sein d'un véritable dialogue. Celui-ci est favorisé quand les échanges sont soustraits aux impératifs économiques ou politiques. J'ai cherché, grâce au concours apprécié de Thomas Gueydier et Sophie Laisné, à favoriser ces conditions du

1. « Il est possible d'élargir de nouveau le regard, et la liberté humaine est capable de limiter la technique, de l'orienter, comme de la mettre au service d'un autre type de progrès, plus sain, plus humain, plus social, plus intégral. » In Lettre encyclique sur la sauvegarde de notre maison commune, *Laudato Sí*, 24 mai 2015, n. 112. Au début de ce texte, le pape François affirme son espérance : « L'humanité possède encore la capacité de collaborer pour construire notre maison commune » (n. 13).

dialogue : la gratuité fut au rendez-vous des échanges dont ce livre porte témoignage ; elle a rapidement favorisé des paroles libres, diverses, sincères et enrichissantes.

En ces paroles se dévoile une recherche attentive du vrai bien économique et social. Non pas une vérité abstraite et froide, telle que les idéologies en fabriquent, mais une vérité pratique, voire pragmatique, capable de rendre l'homme meilleur dans une société qui, en pleine mutation, soit plus juste.

Des témoins qui éveillent ou réveillent

Enrichi par cette écoute, je voudrais offrir un bref discernement à partir des contributions qui sont dans ce livre et en me souvenant de différentes rencontres faites en Ille-et-Vilaine ou ailleurs. Tout aborder n'est pas mon intention. Mon propos se veut une simple ouverture vers des horizons où il fait bon poser nos regards. Je ferai appel à l'enseignement social de l'Église qui, à partir de 1891, s'est développé jusqu'à aujourd'hui. Par lui, l'Église se fait témoin de l'admirable condition humaine : celle-ci est toujours capable de traverser les soubresauts, souvent dramatiques, qu'elle suscite et affronte au long de son histoire.

Permettez-moi d'ajouter une considération que je tire de Jürgen Habermas. Cet enseignement social de l'Église est comme la traduction en « langage séculier » de son « langage religieux ». Il est une ouverture nécessaire, particulièrement lorsqu'une société est marquée par l'incertitude, qui génère peurs et fermetures. Sans l'apport des Églises, une telle société risque de se priver « des maigres ressources dont elle dispose pour fonder un sens et une identité[1] ».

En 1891, avec *Rerum novarum* du pape Léon XIII, l'Église a dû traiter la « question ouvrière » afin de « mettre en pleine lumière la très grave injustice de la réalité sociale telle qu'elle existait », et proposer des « principes fondamentaux » pour y remédier[2]. En 2015, avec *Laudato Sí* du pape François, elle a traité la « sauvegarde de la maison commune » en mettant au jour « l'écologie intégrale[3] » qui « nous oriente vers l'essence de l'humain », qui « incorpore la valeur du travail », qui est « inséparable de la

1. Jürgen Habermas, « Retour sur la religion dans l'espace public. Une réponse à Paolo Flores d'Arcais », *Le Débat*, 2008/5, n. 152, p. 27-31. J. Habermas y écrit : « L'État démocratique ne doit pas se presser de réduire la complexité polyphonique du concert des voix publiques, parce qu'il ne peut savoir s'il ne couperait pas, ce faisant, la société des maigres ressources dont elle dispose pour fonder un sens et une identité. »

2. Il s'agit de la Lettre encyclique *Rerum novarum* du pape Léon XIII, du 15 mai 1891. Voir la lettre encyclique que Jean-Paul II a écrite à l'occasion de son centenaire, *Centesimus annus*, publiée le 1er mai 1991, moins de deux années après les événements de novembre 1989 : chute du « mur de Berlin » et ouverture du « rideau de fer ».

3. François, Lettre encyclique sur la sauvegarde de notre maison commune, *Laudato Sí*, 24 mai 2015, IVe chapitre.

notion de bien commun» et qui «est aussi faite de simples gestes quotidiens par lesquels nous rompons la logique de la violence, de l'exploitation, de l'égoïsme». En 1967, il y a cinquante ans, avec le pape Paul VI, elle a proposé une orientation pour le développement des peuples. Paul VI en donne la raison: «Les peuples de la faim interpellent aujourd'hui de façon dramatique les peuples de l'opulence. L'Église tressaille devant ce cri d'angoisse et appelle chacun à répondre avec amour à l'appel de son frère[1].» Ce texte fut un seuil décisif dans l'enseignement social de l'Église.

La méditation que je propose ici en guise d'ouverture paraîtra à certains une «utopie». Pourtant, les soixante et onze contributeurs de ce livre utilisent ce mot (p. 123, 140, 155). Pour ma part, j'ose reprendre ce mot au pape François qui croit nécessaire «une utopie saine et humaine[2]». Selon lui, celle-ci est une «utopie de l'avenir» qui peut conduire nos pas, pourvu que le «courage» soit là. N'est-il pas vrai, en effet, que «les citoyens vivent en tension entre la conjoncture du moment et la lumière de l'utopie qui nous ouvre sur l'avenir[3]»? La juste utopie est l'espérance fondée, la certitude que la lumière

1. Paul VI, Lettre encyclique sur le développement des peuples, *Populorum progressio*, 26 mars 1967, n. 3.
2. François, Discours au Conseil de l'Europe, 25 novembre 2014.
3. François, Exhortation post-synodale sur l'annonce de l'Évangile dans le monde d'aujourd'hui, *Evangelii gaudium*, 24 novembre 2013, n. 222.

entrevue est le bon avenir vers lequel il convient de marcher. C'est pourquoi, enseigne le Pape: «Le temps est supérieur à l'espace.» Dès lors, insiste-t-il, il importe «d'initier des processus, [...] de privilégier des actions qui génèrent des dynamismes nouveaux dans la société et impliquent des personnes et des groupes qui les développeront[1]».

Mon ouverture en forme de méditation veut exprimer mon estime envers les acteurs économiques qui, sur le terrain, suscitent ces processus parce qu'ils désirent bâtir une «économie humaine».

En prononçant ce terme, je pense au père Louis-Joseph Lebret, économiste, religieux dans la Congrégation des Dominicains, né à Saint-Malo il y a cent vingt ans. Il est, parmi d'autres, un témoin éloquent pour notre commune réflexion. Fondateur de la revue *Économie et Humanisme* en 1942, il fut «un éveilleur d'humanité[2]». Il écrit aux amis de la revue en 1956: «L'économie humaine, pour nous, est la science et la technique du respect actif des personnes et de l'instauration du bien commun, mais elle est aussi

1. *Ibid.*, n. 223.
2. Paul Houée, *Un éveilleur d'humanité, Louis-Joseph Lebret*, Éditions de l'Atelier, 1997. François-Régis Hutin avait déjà utilisé le terme «éveilleur» pour qualifier le père Lebret: celui-ci «apprenait aux autres à lire le monde, c'est-à-dire la création et à y voir l'immense et discret Amour au travail, dans la nature aux multiples richesses». Dans Louis-Joseph Lebret, *Écrits spirituels*, Éditions de l'Atelier, 1996, p. 7.

une élaboration chargée d'amour, l'ambition de la plus complète miséricorde. »

En ce bref texte qui pourrait récapituler la pensée du dominicain malouin, trois idées fortes se dégagent : l'idée de « personne » et du « respect actif » qui lui est dû ; le « bien commun » qui est sans cesse à instaurer ; la noblesse de l'économie réfléchie comme une « élaboration » grâce aux forces complètes de l'amour et de la miséricorde[1]. Je voudrais essayer d'égrener quelques thèmes qui entrent dans ces trois idées fortes.

Dans la troisième idée, il y a, sous-jacente, une attention aux pauvres. En demeurant exclus de la marche économique, ceux-ci ne peuvent plus lui donner son véritable sens. Le regard porté sur les exclus du système économique fit naître chez le père Lebret une « angoisse ». Elle habita de façon permanente ses engagements. Elle traverse la réflexion de l'Église. Elle demeure l'aiguillon des économistes soucieux d'édifier une « science », capable de bâtir un monde aussi juste que possible.

---

1. Le mot « miséricorde » a une grande signification dans les écrits bibliques. Il signifie toujours une action. Voici le sens qu'en donne le père Lebret : « Je ne puis aimer Dieu sans être miséricordieux avec Dieu, sans que les misères du monde m'aient envahi et aient pénétré dans mon cœur, sans qu'en moi, de façon habituelle, j'en porte l'angoisse. Mon cœur, quand déferlent sur lui, quand s'inscrivent en lui, les grandes vagues de la misère, quand il s'en gonfle, jusqu'à en éclater, est tout transformé. Je ne m'appartiens plus, j'appartiens à l'humanité miséreuse et consacrer ma vie à son service m'est devenu le plus impérieux des besoins. » In Louis-Joseph Lebret, *L'Économie au service des hommes*, Éditions du Cerf, 1968, p. 118.

La personne plutôt que l'individu

La distinction entre « personne » et « individu » est présente dans ce livre (p. 150). Elle est capitale. Dire toute la dignité de l'individu humain, c'est le considérer comme une « personne ». Ce terme signifie tout autant la richesse de sa libre autonomie et de sa responsabilité dans ses choix, que le tissu relationnel dans lequel l'individu est inséré et sans lequel il ne saurait s'épanouir ni se réaliser pleinement. Il signifie aussi l'ouverture à la transcendance dont est doté tout individu humain : nul ne peut faire le tour d'un être humain ni l'utiliser comme un moyen ; tous doivent le considérer comme une fin en soi.

Ainsi, au sein d'une entreprise, quelle qu'en soit la taille ou la spécificité, celui ou celle qui y travaille est toujours une « personne, un sujet conscient et libre, c'est-à-dire un sujet qui décide de lui-même[1] ».

La confiance, âme du contrat

L'entreprise est une réalité économique en tant qu'elle est une communauté de personnes, réunies pour un travail à accomplir en vue du bien de chacune et du bien des autres : les membres

---

1. Voir Jean-Paul II, Lettre encyclique sur le travail humain, *Laborem exercens*, 14 septembre 1981, n. 6, § 3.

des familles des personnes qui y travaillent, les clients, les financiers et les partenaires, l'entourage immédiat sur le territoire, et tout lieu où parviennent son savoir et son savoir-faire. Elle est tissée de contrats dont la qualité essentielle est la « confiance » (p. 127, 143 et 151). Elle établit des marchés dont la fiabilité et la bienfaisance reposent sur cette « confiance ». « Lorsqu'il est fondé sur une confiance réciproque et générale, écrit le pape Benoît XVI, le marché est l'institution économique qui permet aux personnes de se rencontrer, en tant qu'agents économiques, utilisant le contrat pour régler leurs relations et échangeant des biens et des services fongibles entre eux pour satisfaire leurs besoins et leurs désirs[1]. »

Ce marché ne peut être réglé uniquement par l'équité ou la justice commutative, c'est-à-dire sur la même valeur des biens échangés. Il requiert aussi et surtout d'être régulé par la justice distributive et par la justice sociale. Les relations de confiance s'établissent dans la mesure où, grâce à cette juste justice, le bien de tous demeure la visée des marchés. Alors, ces relations de confiance font partie, avec la fiabilité et le respect des justes règles, du « capital social[2] » grâce auquel une économie

1. Voir Benoît XVI, Lettre encyclique sur le développement humain intégral dans la charité et la vérité, *Caritas in veritate*, 29 juin 2009, n. 35, § 1.
2. Expression de Benoît XVI, *ibid.*, n. 32, § 2.

peut être humaine. Telle est la fécondité de la confiance.

Le travail pour l'homme et non l'inverse

Paul VI disait que « tout travailleur est un créateur[1] ». Partant de ce préalable, l'économie humaine exige que la personne soit mise au centre de l'entreprise, quelle qu'en soit la nature (p. 150). Cela induit une belle et vaste méditation sur le rapport entre le travail et l'être humain. Pour nourrir cette méditation, qu'on me permette de citer l'enseignement social de Jean-Paul II.

Le pape polonais, confronté par expérience au marxisme, commence par distinguer la « plus ou moins grande valeur objective » du travail, c'est-à-dire ce qui est effectivement produit, de sa « dimension subjective », c'est-à-dire l'homme ou la femme qui travaille. Voilà « la dimension qui conditionne la nature éthique du travail » ! Il en conclut ceci : « Le premier fondement de la valeur du travail est l'homme lui-même, son sujet. Ici vient tout de suite une conclusion très importante de nature éthique : bien qu'il soit vrai que l'homme est destiné et est appelé au travail, le travail est avant tout "pour l'homme" et non l'homme "pour le travail". [...] D'un autre côté,

1. Paul VI, Lettre encyclique sur le développement des peuples, *Populorum progressio*, 26 mars 1967, n. 27.

indépendamment du travail que tout homme accomplit, et en supposant qu'il constitue un but – parfois fort absorbant – de son activité, ce but ne possède pas par lui-même une signification définitive. En fin de compte, le but du travail, de tout travail exécuté par l'homme – fût-ce le plus humble service, le travail le plus monotone selon l'échelle commune d'évaluation, voire le plus marginalisant – reste toujours l'homme lui-même[1]. » Le travail est « humanisant » (p. 122).

Le « respect actif des personnes » passe par le questionnement sur l'éthique et sur le pourquoi de l'action au travail. Prendre le recul nécessaire pour laisser du temps à la méditation sur ce questionnement, voilà qui contribue grandement à ce « respect actif ». Il met aussi en œuvre le respect dû aux familles. On pourrait dire que le travail est « pour la famille ». Nul n'est censé ignorer que le salarié, le dirigeant, l'agriculteur, le soignant et le soigné ont généralement chacun une famille.

1. Jean-Paul II, *Laborem exercens*, 14 septembre 1981, n. 6, § 6. On lit juste avant : « En partant de cette façon de comprendre les choses et en supposant que différents travaux accomplis par les hommes puissent avoir une plus ou moins grande valeur objective, nous cherchons toutefois à mettre en évidence le fait que chacun d'eux doit être estimé surtout à la mesure de la dignité du sujet même du travail, c'est-à-dire de la personne, de l'homme qui l'exécute. » Et un peu plus loin : « Il faut souligner et mettre en relief le primat de l'homme dans le processus de production, le primat de l'homme par rapport aux choses. Tout ce qui est contenu dans le concept de "capital", au sens restreint du terme, est seulement un ensemble de choses. Comme sujet du travail, et quel que soit le travail qu'il accomplit, l'homme, et lui seul, est une personne. Cette vérité contient en elle-même des conséquences importantes et décisives » (n. 12, § 6).

L'économie est une organisation du travail qui est pour le bien de la famille, pour le bien du père comme celui de la mère, laquelle est aujourd'hui souvent seule avec la garde des enfants. L'entreprise est parfois familiale. Cela arrive par exemple dans des exploitations agricoles.

Pour une juste organisation du travail, la démarche syndicale peut être indispensable. Peut-être, semblent penser les soixante et onze contributeurs (p. 140), faudrait-il la refonder et la redynamiser en vue d'une « économie humaine ». La création de syndicat est un droit naturel. En effet, nul ne peut interdire le droit de s'associer librement.

À ce propos, je n'hésite pas à laisser la parole au grand pape Jean-Paul II qui a soutenu et corrigé le syndicat Solidarność[1] : « Le rôle des syndicats, qui négocient le salaire minimum et les conditions de travail, est déterminant. [...] Non

1. Le 15 janvier 1981, recevant une délégation du syndicat Solidarność, Jean-Paul II dit : « L'activité des syndicats n'a pas de caractère politique, elle ne doit être l'instrument d'action de personne, d'aucun parti politique, pour pouvoir se concentrer d'une façon exclusive et pleinement autonome sur le grand bien social du travail de l'homme et des travailleurs. » Il le répéta le 11 novembre 2003, lorsqu'il reçut à nouveau une délégation de ce syndicat qui s'était lié au pouvoir politique puisque son président Lech Walensa était devenu président de la République de 1990 à 1995. Il demanda alors : « Qu'il me soit permis de dire qu'aujourd'hui, si "Solidarność" veut réellement servir la nation, il devrait revenir à ses racines, aux idéaux qui l'illuminaient comme syndicat. Le pouvoir passe de main en main, et les ouvriers, les agriculteurs, les enseignants, les agents de la santé et tous les autres travailleurs, indépendamment de ceux qui détiennent le pouvoir dans le pays, attendent une aide dans la défense de leurs justes droits. Ici, "Solidarność" ne peut être absent. »

seulement comme instruments de négociation mais encore comme “lieux” d’expression de la personnalité : ils sont utiles au développement d’une authentique culture du travail et ils aident les travailleurs à participer d’une façon pleinement humaine à la vie de l’entreprise[1]. »

Réinventer le capital au service de l’homme

Si le travail vient de l’homme et est « pour l’homme », alors l’économie humaine postule le « primat » du travail sur le capital entendu au sens large de la production, à laquelle les outils de production appartiennent. Dans ce livre, il est plusieurs fois question du « capital ».

Notons que ce capital est le fruit du travail humain déjà accompli. Il est aussi la terre, avec toutes ses virtualités, qui, en Bretagne, est déjà travaillée. Ce capital est nécessaire au travail actuel que fournit la personne. Même si la production est assurée par des robots, elle demeure le fruit du travail humain de la personne. Les robots ne sont que des outils que la personne utilise pour mieux accomplir sa tâche. Mais que dire quand cet outil est hautement perfectionné grâce aux technologies informatiques ? Il réduit de fait les possibilités d’accès au travail

1. Jean-Paul II, *Centesimus annus*, 1er mai 1991, n. 15, § 3-4.

car il exige une compétence technologique que chaque personne ne peut pas acquérir[1].

Le « primat » de la personne, avec toutes les dimensions de son être, ses capacités de connaître, ses relations, sa sensibilité et ses valeurs, est essentiel. Il a des conséquences pratiques. Prenons l'exemple de l'agriculture. Il est évident que les moyens de transformations et de distributions font partie du capital. Comment le « primat » des cultivateurs – ce sont des personnes qui travaillent – qui les alimentent permet-il une juste organisation économique entre les cultivateurs, l'agroalimentaire et la grande distribution ?

La mise en œuvre pratique de ce « primat » édifie sur le terrain une économie humaine. Respecter ce « primat », à tous les échelons territoriaux du travail, est certainement un critère décisif pour traverser de façon heureuse les mutations de notre société.

Arrêtons-nous un instant sur l'expression « capital humain » (p. 62). Elle ne peut signifier une force exploitable pour une meilleure production. « Si, autrefois, le facteur décisif de la production était la terre, et si, plus tard, c'était le capital, compris comme l'ensemble des machines et des instruments de production, aujourd'hui le facteur décisif est de plus en plus l'homme lui-même,

1. « Pour les pauvres, remarque Jean-Paul II, s'est ajoutée à la pénurie de biens matériels celle du savoir et des connaissances qui les empêche de sortir de leur état d'humiliante subordination », in *Centesimus annus*, 1er mai 1991, n. 33, § 2.

c'est-à-dire sa capacité de connaissance qui apparaît dans le savoir scientifique, sa capacité d'organisation solidaire et sa capacité de saisir et de satisfaire les besoins des autres[1]. »

La solidarité, un devoir au cœur de l'économie

On le voit, le « primat » de la personne n'est pas un absolu abstrait en soi. Il a une finalité pratique : l'homme donne toute sa valeur au travail non seulement parce qu'il en est le sujet libre et responsable, mais aussi parce qu'il l'accomplit en esprit de solidarité, en vue « de satisfaire les besoins des autres ». Telle est la vertu des « solidarités locales » dont parlent Yves Morvan et les soixante et onze contributeurs (p. 77 et 156).

Cette solidarité est constitutive de la dignité de l'être humain qui, dès lors, en est foncièrement capable. Il entend, dans sa conscience, l'appel à un « devoir de solidarité[2] ». C'est librement qu'il y répond. La solidarité, inséparable de la liberté, est ainsi inhérente à toute saine économie. Une « économie pleinement humaine[3] » la suscite en permettant à tout être humain d'exercer la solidarité en contribuant, par son

1. Jean-Paul II, *ibid.*, n. 32, § 4.
2. Expression de Paul VI, *Populorum progressio*, 26 mars 1967, n. 44, 48, reprise par Jean-Paul II dans sa Lettre encyclique à l'occasion du 25e anniversaire de *Populorum progressio*, *Sollicitudo rei socialis*, 30 décembre 1987, n. 9, § 8.
3. L'expression est de Benoît XVI, *Caritas in veritate*, 29 juin 2009, n. 39.

travail, au bien de tous. Jean-Paul II va jusqu'à écrire : « Il y a un certain dû à l'homme parce qu'il est homme, en raison de son éminente dignité. Ce dû comporte inséparablement la possibilité de survivre et celle d'apporter une contribution active au bien commun de l'humanité[1]. »

Jean-Paul II a développé une forte méditation sur la « solidarité » : elle est une « vertu », elle est un idéal évangélique[2]. L'être humain en est capable et, fondamentalement, y aspire. Devant une telle capacité humaine, l'admiration qu'elle suscite est sans doute l'aiguillon pour une économie humaine! Devant les oppositions à la solidarité – que Paul VI résume sous le terme d'« avarice[3] » et

1. *Centesimus annus*, 1er mai 1991, n. 34, § 1.
2. *Sollicitudo rei socialis*. Jean-Paul II y écrit : « La solidarité est la détermination ferme et persévérante de travailler pour le bien commun, c'est-à-dire pour le bien de tous et de chacun parce que tous nous sommes vraiment responsables de tous. Une telle détermination est fondée sur la ferme conviction que le développement intégral est entravé par le désir de profit et la soif de pouvoir. Ces attitudes et ces "structures de péché" ne peuvent être vaincues – bien entendu avec l'aide de la grâce divine – que par une attitude diamétralement opposée: se dépenser pour le bien du prochain en étant prêt, au sens évangélique du terme, à "se perdre" pour l'autre au lieu de l'exploiter, et à "le servir" au lieu de l'opprimer à son propre profit (cf. Matthieu 10,40-42; 20,25; Marc 10,42-45; Luc 22,25-27) » (n. 38, § 6).
3. Voir *Populorum progressio*, 26 mars 1967, n. 19 : « Avoir plus, pour les peuples comme pour les personnes, n'est pas le but dernier. Toute croissance est ambivalente. Nécessaire pour permettre à l'homme d'être plus homme, elle l'enferme comme dans une prison dès lors qu'elle devient le bien suprême qui empêche de regarder au ciel. Alors les cœurs s'endurcissent et les esprits se ferment, les hommes ne se réunissent plus par amitié, mais par l'intérêt, qui a tôt fait de les opposer et de les désunir. La recherche exclusive de l'avoir fait dès lors obstacle à la croissance de l'être et s'oppose à sa véritable grandeur : pour les nations comme pour les personnes, l'avarice est la forme la plus évidente du sous-développement moral. »

que Jean-Paul II nomme « structures de péché » –, il y a urgence à développer une telle économie selon des règles appropriées aux divers secteurs du travail et du territoire[1], ainsi qu'aux divers niveaux des relations contractuelles.

La participation, une saine et nécessaire pratique

Nos soixante et onze contributeurs évoquent plusieurs fois la méthode « participative » (p. 142), appelée aussi « coopération » (p. 145), pour mettre au point la juste organisation aussi bien dans l'entreprise que dans la société. La mise en œuvre de la « participation » ne peut ignorer l'importance des « groupes intermédiaires » ni la fécondité du « principe de subsidiarité[2] », qu'évoquent les soixante et onze contributeurs.

---

1. Il est intéressant que la « solidarité » soit le principe qui est ajouté au principe d'efficacité pour un projet de territoire. Voir CESER, *Réforme territoriale en Bretagne : efficacité et solidarité*, février 2016, p. 50.

2. À propos de subsidiarité, Benoît XVI écrit dans *Caritas in veritate*, 29 juin 2009, n. 57 : « La subsidiarité est avant tout une aide à la personne, à travers l'autonomie des corps intermédiaires. Cette aide est proposée lorsque la personne et les acteurs sociaux ne réussissent pas à faire par eux-mêmes ce qui leur incombe et elle implique toujours que l'on ait une visée émancipatrice qui favorise la liberté et la participation en tant que responsabilisation. La subsidiarité respecte la dignité de la personne en qui elle voit un sujet toujours capable de donner quelque chose aux autres. En reconnaissant que la réciprocité fonde la constitution intime de l'être humain, la subsidiarité est l'antidote le plus efficace contre toute forme d'assistance paternaliste. Elle peut rendre compte aussi bien des multiples articulations entre les divers plans et donc de la pluralité des acteurs, que de leur coordination. »

C'est ainsi qu'elle permet à chaque personne et à chacun de ces groupes de s'insérer activement dans le projet de l'entreprise et dans son élaboration. Elle est ainsi l'antidote à l'utilitarisme qui a tendance à se servir du travail pour réaliser le projet pensé par quelques-uns – les dirigeants –, voire par une personne. Elle tend à offrir les possibilités d'épanouissement humain de chacun. Elle veut garantir que chacun est considéré non comme un moyen mais comme une fin. Elle permet que les talents des personnes soient dévoilés et fructifient pour le bien du projet de l'entreprise. Celle-ci est ainsi une communauté humaine et économique où les talents des uns et des autres se dévoilent de telle sorte que tous en soient enrichis.

De fait, une saine économie édifie « une société du travail libre, de l'entreprise et de la participation », pourvu que « le marché soit dûment contrôlé par les forces sociales et par l'État, de manière à garantir la satisfaction des besoins fondamentaux de toute la société[1] ».

Si l'Église « reconnaît le caractère positif du marché et de l'entreprise », elle « souligne en même temps la nécessité de leur orientation vers le bien commun ». Elle « reconnaît aussi la légitimité des efforts des travailleurs pour obtenir le plein respect de leur dignité et une participation plus large à la vie de l'entreprise, de manière

1. Jean-Paul II, *Centesimus annus*, 1er mai 1991, n. 35, § 2.

que, tout en travaillant avec d'autres et sous la direction d'autres personnes, ils puissent en un sens travailler "à leur compte", en exerçant leur intelligence et leur liberté[1] ». Nul doute que la « participation », individuelle ou collective (par la voie syndicale par exemple), ouvre la voie de l'épanouissement humain de tous. Nul doute aussi qu'elle est un bien pour l'entreprise elle-même et pour son profit. Tout cela est également vrai pour la société. Cependant, la participation n'est pas une stratégie entrepreneuriale au strict profit de l'entreprise, ni une stratégie politique pour la victoire électorale. Elle est exigée par le « primat » de la personne sur le capital, et par le bien commun pour lequel une société solidaire est nécessaire!

Si chaque individu qui travaille est une « personne », n'est-il pas juste que l'organisation du travail et les méthodes pour travailler soient

1. Cf. *ibid.*, n. 43, qui reprend une expression de *Laborem exercens*, 14 septembre 1981 : « L'homme qui travaille désire non seulement recevoir la rémunération qui lui est due pour son travail, mais aussi qu'on prenne en considération, dans le processus même de production, la possibilité pour lui d'avoir conscience que, même s'il travaille dans une propriété collective, il travaille en même temps "à son compte". Cette conscience se trouve étouffée en lui dans un système de centralisation bureaucratique excessive où le travailleur se perçoit davantage comme l'engrenage d'un grand mécanisme dirigé d'en haut et – à plus d'un titre – comme un simple instrument de production que comme un véritable sujet du travail, doué d'initiative propre. L'enseignement de l'Église a toujours exprimé la conviction ferme et profonde que le travail humain ne concerne pas seulement l'économie, mais implique aussi et avant tout des valeurs personnelles. Le système économique lui-même et le processus de production trouvent leur avantage à ce que ces valeurs personnelles soient pleinement respectées. »

pensées et mises en place grâce à la collaboration de tous ? Si « le travail n'est humain que s'il demeure intelligent et libre[1] », il en est de même de son organisation. C'est pour cela que la stratégie verticale n'assure pas vraiment le déploiement de cette intelligence ni de cette liberté, et, si elle oublie le véritable dialogue social, risque de verser dans l'utilitarisme des personnes et de leurs travaux.

Les technologies en quête d'une juste éthique

Dans cette organisation participative, appelée parfois « collaborative », l'outil informatique apparaît immédiatement, ne serait-ce que pour une communication plus fluide et instantanée des informations. Les technologies, que déploie la science grâce aux puissances de l'informatique, prennent une grande place dans la réflexion de nos soixante et onze acteurs économiques : « Vectrices de relations, rendues plus intenses parfois grâce à elles, les nouvelles technologies représentent aussi et surtout une menace sérieuse pour la vie en commun en causant un profond déséquilibre dont trop peu d'experts nous parlent, alors que chacun en fait l'expérience quotidienne. » (p. 98-99) M. Morvan désigne ces technologies comme

1. Paul VI, *Populorum progressio*, 26 mars 1967, n. 28.

« une des mutations les plus inattendues et des plus rapides » pour notre société (p. 63).

Commençons par ceci : il semble assez clair que l'avancée des techniques n'est un « progrès » que si elle s'accompagne d'une avancée éthique qui en donnera le sens. Mais que signifie « progrès » quand ce mot est employé à propos de la science (p. 70), des techniques (p. 73), d'un métier comme l'agriculture grâce à la mécanisation, la chimie et la génétique (p. 109), ou quand on parle de « progrès humain[1] » (p. 132) ?

1. Cette expression revient plusieurs fois sous la plume de Paul VI dans *Populorum progressio*, 26 mars 1967. Écoutons Benoît XVI commenter l'idée de Paul VI : « La vocation au progrès pousse les hommes à "faire, connaître et avoir plus, pour être plus". Mais là est le problème : que signifie "être davantage" ? À cette question, Paul VI répond en indiquant la caractéristique essentielle du développement authentique : il "doit être intégral, c'est-à-dire promouvoir tout homme et tout l'homme". Parmi les différentes visions concurrentes de l'homme proposées dans la société d'aujourd'hui plus encore qu'au temps de Paul VI, la vision chrétienne a la particularité d'affirmer et de justifier la valeur inconditionnelle de la personne humaine et le sens de sa croissance. La vocation chrétienne au développement aide à poursuivre la promotion de tous les hommes et de tout l'homme. Paul VI écrivait : "Ce qui compte pour nous, c'est l'homme, chaque homme, chaque groupement d'hommes, jusqu'à l'humanité tout entière". La foi chrétienne se préoccupe du développement sans s'appuyer sur des privilèges ou sur des positions de pouvoir, ni même sur les mérites des chrétiens qui ont certes existé et existent encore aujourd'hui en même temps que leurs limites naturelles, mais uniquement sur le Christ, à qui doit être rapportée toute vocation authentique au développement humain intégral. […] La vérité du développement réside dans son intégralité : s'il n'est pas de tout l'homme et de tout homme, le développement n'est pas un vrai développement. Tel est le centre du message de *Populorum progressio*, valable aujourd'hui et toujours. Le développement humain intégral sur le plan naturel, réponse à un appel du Dieu créateur, demande de trouver sa vérité dans un "humanisme transcendant, qui […] donne [à l'homme] sa plus grande plénitude : telle est la finalité suprême du développement personnel". La vocation chrétienne à ce

Nos soixante et onze acteurs de la société civile ont partagé une interrogation à ce sujet. Ils ont fait le constat que la mutation technologique affectait tous les secteurs de la société. De leurs échanges a alors germé cette réflexion : « Il s'agit donc de corriger les conséquences négatives de cette mutation qui menacent l'idée que nous nous faisons du bonheur, du progrès et de la liberté mais aussi et surtout d'identifier et de favoriser, au contraire, celles qui permettront aux relations et à la vie humaine de gagner en dignité. » (p. 91)

Quelle est donc la juste idée de progrès pour une économie humaine? Parler d'économie, c'est évidemment évoquer le progrès. Celui-ci la guide. Mais vers quel « progrès » devrait conduire une « économie pleinement humaine » ? Car nous sommes faits, personnellement et collectivement, pour le progrès. Il se réfléchit dans les humanismes qui reconnaissent « le caractère transcendant de la personne[1] ». Il correspond à la « vocation » que Dieu assigne aux êtres humains libres et responsables, et à leurs sociétés.

Faudrait-il disjoindre le « progrès humain » du progrès de la science ou des techniques ? « Absolutiser idéologiquement le progrès technique

---

développement concerne donc le plan naturel comme le plan surnaturel; c'est pourquoi "quand Dieu est éclipsé, notre capacité de reconnaître l'ordre naturel, le but et le "bien" commence à s'évanouir". » In *Caritatis in veritate*, 29 juin 2009, n. 18.

1. Expression tirée du concile Vatican II, constitution sur l'Église dans le monde d'aujourd'hui, *Gaudium et spes*, 7 décembre 1965, n. 76, § 2.

ou aspirer à l'utopie d'une humanité revenue à son état premier de nature sont deux manières opposées de séparer le progrès de son évaluation morale et donc de notre responsabilité[1]. »

Ici, se glisse l'indispensable éthique qui relie ces deux sortes de progrès[2]. N'est-ce pas grâce aux discernements éthiques que les nouvelles technologies seront utilisées de façon digne de la personne ? C'est ainsi et ainsi seulement que le progrès scientifique contribue au « progrès humain ». L'émergence des comités d'éthiques l'atteste sans aucun doute. Qui dira en effet l'éthique de la recherche, et des outils informatiques dans la variété inouïe de leurs puissances et de leurs applications ? Il semble acquis d'y réfléchir quand elles concernent la santé. Une prise de conscience s'est fait jour au sujet de l'environnement[3]. On en voit les bienfaits quand elles réduisent la pénibilité du travail, ou quand elles rendent plus sobres les consommations d'énergie. Des chartes de déontologie existent ici ou là, par exemple dans les médias qui ont vocation à respecter leurs lecteurs ou auditeurs

---

1. Benoît XVI, *Caritas in veritate*, 29 juin 2009, n. 14.
2. Il est intéressant de lire les différentes idées du progrès dans CESER, *Appropriation sociale et mise en débat des sciences et technologies en Bretagne*, mars 2012, « Idée de progrès », p. 126-128. Voir aussi p. 185-187 où le débat sur l'éthique, y compris celle de la recherche, est esquissé.
3. En témoigne la « Responsabilité sociale des entreprises » (RSE) qui est complétés par les diverses normes ISO, comme ISO9001 sur le contrôle de qualité, ISO14000 sur le management environnemental ou encore ISO50001 sur l'efficacité énergétique etc. Voir : e-rse.net/definitions/rse-definition.

– qui sont des personnes humaines –, et qui, comme toute entreprise, ont le devoir de servir le bien commun.

L'éthique est un chantier permanent qui appelle le « dialogue » au sens le plus rigoureux du terme. Le « dialogue » va au-delà de la discussion : il est la recherche participée de tous, de façon désintéressée, pour trouver la vérité du bien à accomplir. Point d'économie humaine sans un tel « dialogue » ! Il prend forme par exemple dans le nécessaire « dialogue social » quand celui-ci est mené en vue du bien commun. En effet, la loi bonne ne suffit pas à faire que les citoyens soient bons. À trop entrer dans le détail, la loi déresponsabilise, suscite la judiciarisation, laquelle est renforcée par la suspicion et la peur. Au contraire, le dialogue et la participation construisent la confiance, favorisent l'amitié, promeuvent l'union des esprits et contribuent ainsi à élaborer la juste décision en vue du bien de tous. Grâce au « dialogue », l'éthique donne sens à la technique et permet d'en trouver la juste application pour le bien du plus grand nombre, et si possible de tous. Ce « dialogue » éthique est d'autant plus nécessaire que les technologies surgissent au sein d'une société marquée par de grandes inégalités territoriales et par de graves inégalités entre pauvres et riches. Les nouvelles technologies, sans l'éthique de la solidarité et du bien commun, risquent de les aggraver.

Il est donc juste et bon, voire urgent, de prendre du recul pour méditer sur la relation que l'homme entretient avec les technologies. Pour nourrir notre méditation, le pape Benoît XVI donne un enseignement intéressant. Il vient de faire l'éloge de la technique en la situant dans « l'aspect objectif de l'agir humain ». En effet, elle est toujours produite par le travail humain, elle est « fille de la science ». Le Pape poursuit ainsi sa réflexion : « Le développement technologique peut amener à penser que la technique se suffit à elle-même, quand l'homme, en s'interrogeant uniquement sur le *comment*, omet de considérer tous les *pourquoi* qui le poussent à agir. »

Oui, le faisable n'est pas forcément le tolérable ! Qui dit faire, dit une action en vue d'un but poursuivi. Ce but répond à la question : pourquoi vais-je commettre cette action ? Répondre à une telle question, c'est inévitablement engager sa responsabilité. Ainsi, continue Benoît XVI, « la clef du développement, c'est une intelligence capable de penser la technique et de saisir le sens pleinement humain du "faire" de l'homme, sur l'horizon de sens de la personne prise dans la globalité de son être. Même quand l'homme agit à l'aide d'un satellite ou d'une impulsion électronique à distance, son action reste toujours humaine, expression d'une liberté responsable. »

Cependant, la technique offre tellement de possibilités extraordinaires qu'il semble normal, voire évident, qu'elle doive sans cesse s'accroître pour offrir de nouvelles possibilités. Il y a quelque chose de fascinant dans les prouesses techniques, en particulier parce qu'elles nous surprennent : du premier pas sur la lune à la sonde Rosetta, de la transplantation cardiaque à la naissance de la brebis clonée, Dolly.

Benoît XVI arrive alors à ce point : « La technique attire fortement l'homme, parce qu'elle le soustrait aux limites physiques et qu'elle élargit son horizon. Mais la liberté humaine n'est vraiment elle-même que lorsqu'elle répond à la fascination de la technique par des décisions qui sont le fruit de la responsabilité morale. Il en résulte qu'il est urgent de se former à la responsabilité éthique dans l'usage de la technique. Partant de la fascination qu'exerce la technique sur l'être humain, on doit retrouver le vrai sens de la liberté, qui ne réside pas dans l'ivresse d'une autonomie totale, mais dans la réponse à l'appel de l'être, en commençant par l'être que nous sommes nous-mêmes[1]. »

Bien des entreprises naissent d'une nouveauté technologique. Tant mieux ! Réfléchir aux marchés à conquérir pour qu'elles puissent se développer participe de l'économie humaine si ces entreprises prennent aussi le temps de penser leur high-tech en vue du bien de « tout l'homme et de tous les hommes » dans le secteur de leur activité. D'ailleurs, pourquoi les entrepreneurs

1. Benoît XVI, *Caritas in veritate*, 29 juin 2009, n. 70.

high-tech ne réfléchiraient-ils pas davantage avec les entrepreneurs des services à la personne ? Ces deux secteurs d'activité se développent en parallèle. Le croisement de leurs regards respectifs contribuerait à l'émergence d'un regard éthique sur le bien de tout l'être humain et de tous les êtres humains. À ce propos, l'activité de soin, qui ne consiste pas seulement à guérir des maladies mais à prendre soin de la personne – le « care » –, n'a-t-elle pas une expérience propre à apporter pour édifier une économie pleinement humaine ?

L'indispensable agriculture, trop vite oubliée

La terre, avec les animaux qui y vivent, est un merveilleux capital. En Ille-et-Vilaine, premier département producteur de lait en France, ce capital est particulièrement confié aux agriculteurs ! Il est en partie travaillé : la terre est préparée ; les végétaux sont intelligemment fertilisés ; les animaux sont améliorés grâce à la génétique.

L'agriculture n'est pas un métier comme les autres. Elle fournit les aliments pour nourrir l'humanité. Elle mérite d'être considérée sous cet aspect dont toute la singulière importance apparaît aux yeux de celles et ceux qui savent contempler le réel : d'un côté, la planète avec ses possibilités de nourrir l'humanité et, de l'autre côté, les êtres humains qui la reçoivent en don pour se nourrir car ils ne peuvent vivre sans manger. Certes, la science n'a pas encore fini de trouver toutes les possibilités de notre planète terre et des vivants, petits et gros, qui y fourmillent. Et nous n'avons pas encore épuisé toutes les ressources de la solidarité afin que tout être humain, quels que soient le sol et le climat où il vit, puisse manger à sa faim. L'économie pourra devenir vraiment humaine quand elle supprimera la faim dans le monde.

Je suis frappé d'entendre une pensée émise au cours des échanges entre nos soixante et onze acteurs économiques bretilliens : « Le bon sens paysan commande donc de ne pas opposer les systèmes mais de les combiner. » (p. 109) Il ne s'agit donc pas d'imposer un modèle d'exploitation agricole standard, mais de savoir « combiner » divers systèmes. La diversité n'est-elle pas toujours une richesse ? Bien sûr, il importe que chaque système de production agricole soit sensible à la préservation de l'environnement et à l'économie d'énergie. Qui dira le juste soutien aux agriculteurs en proposant le modèle économique capable de résister aux marchés mondialisés et aux spéculations sur l'aliment de base ? Là aussi, une réflexion collaborative peut inventer l'agriculture de demain, qui soit de qualité, respectueuse des personnes et de leurs familles, des territoires aussi.

Pour nourrir cette réflexion, il peut être fructueux de méditer ce propos du pape François qui plaide pour une « agriculture durable et diversifiée» : «Il y a une grande variété de systèmes alimentaires ruraux de petites dimensions qui continuent à alimenter la plus grande partie de la population mondiale, en utilisant une faible proportion du territoire et de l'eau, et en produisant peu de déchets, que ce soit sur de petites parcelles agricoles, vergers, ou grâce à la chasse, à la cueillette et la pêche artisanale, entre autres. Les économies d'échelle, spécialement dans le secteur agricole, finissent par forcer les petits agriculteurs à vendre leurs terres ou à abandonner leurs cultures traditionnelles. Les tentatives de certains pour développer d'autres formes de production plus diversifiées, finissent par être vaines en raison des difficultés pour entrer sur les marchés régionaux et globaux, ou parce que l'infrastructure de vente et de transport est au service des grandes entreprises. Les autorités ont le droit et la responsabilité de prendre des mesures de soutien clair et ferme aux petits producteurs et à la variété de la production[1].»

Ajoutons ce propos de François, qui concerne le territoire et sa promotion, grâce aux exploitations agricoles et aux entreprises : «L'activité d'entreprise, qui est une vocation noble orientée à produire de la richesse et à améliorer le monde pour tous, peut être une manière très féconde de promouvoir la région où elle installe ses projets ; surtout si on comprend que la création de

1. François, *Laudato Sí*, 24 mai 2015, n. 129.

postes de travail est une partie incontournable de son service du bien commun[1]. »

Le bien commun, moteur du progrès

Le « bien commun » est plusieurs fois nommé dans les pages de ce livre (p. 150 et 154). Le définir est chose ardue. L'Église s'y est risquée. La définition qu'elle en donne est rappelée dans le paragraphe suivant, sous la plume du pape François. Ce dernier relie le bien commun à l'art de la politique. Effectivement, servir le bien commun demeure la noblesse du politique. Nous le pressentons tous. M. Morvan et nos soixante et onze acteurs de la société civile l'évoquent dans plusieurs pages. Que d'amères déceptions quand ce service – en soi désintéressé – est travesti par des intérêts particuliers ou par des querelles politiciennes ! Quelle sourde colère cela ne suscite-t-il pas quand ces égoïsmes s'étalent sur le dos de personnes ou d'entreprises en précarité, sur le dos des pauvres ! Pourtant, avec François, je redis mon estime pour le politique : « La politique est une vocation très noble, elle est une des formes les plus précieuses de la charité, parce qu'elle cherche le bien commun[2]. »

Arrivé à ce point, je ne saurai mieux faire que proposer cette conviction du pape François :

1. *Ibid.*
2. François, *Evangelii gaudium*, 24 novembre, 2013, n. 205.

« L'écologie intégrale est inséparable de la notion de bien commun, un principe qui joue un rôle central et unificateur dans l'éthique sociale. C'est "l'ensemble des conditions sociales qui permettent, tant aux groupes qu'à chacun de leurs membres, d'atteindre leur perfection d'une façon plus totale et plus aisée". Le bien commun présuppose le respect de la personne humaine comme telle, avec des droits fondamentaux et inaliénables ordonnés à son développement intégral. Le bien commun exige aussi le bien-être social et le développement des divers groupes intermédiaires, selon le principe de subsidiarité. Parmi ceux-ci, la famille se distingue spécialement comme cellule de base de la société[1]. »

Le Pape ajoute une observation qui mérite notre attention et qui s'applique à l'Ille-et-Vilaine où la pauvreté grandit sous diverses formes, comme en témoignent de nombreuses associations, comme par exemple le Secours catholique, les Restos du cœur, ATD Quart Monde, Saint-Joseph-Benoît-Labre, ou les budgets d'assistance du Conseil départemental : « Dans les conditions actuelles de la société mondiale, où il y a tant d'inégalités et où sont toujours plus nombreuses les personnes marginalisées, privées des droits humains fondamentaux, le principe du bien commun devient immédiatement comme conséquence logique et inéluctable, un appel à

1. *Ibid.*, n. 156-157. Le pape François cite le concile Vatican II, constitution *Gaudium et spes*, 7 décembre 1965, n. 26.

la solidarité et à une option préférentielle pour les plus pauvres. Cette option implique de tirer les conséquences de la destination commune des biens de la terre, mais elle exige de considérer avant tout l'immense dignité du pauvre à la lumière des convictions de foi les plus profondes. Il suffit de regarder la réalité pour comprendre que cette option est aujourd'hui une exigence éthique fondamentale pour la réalisation effective du bien commun[1]. »

Le progrès des pauvres, une grande chance

Ici, vient naturellement la troisième idée du père Lebret qui attire l'attention sur ceux que M. Morvan appelle les « perdants », ces « personnes temporairement au moins sur le bord de la route », avec « un trop grand nombre de personnes [qui] se retrouvent dans une situation de précarité au long terme aujourd'hui ». Il est donc impossible de penser une économie sans entendre « de façon urgente » « la question [qui] est précisément de savoir ce que nous ferons pour protéger ces derniers, quels “amortisseurs” permettront à tous de partager les risques » (p. 54-55). Les acteurs de terrain savent bien « l'appauvrissement et la précarisation des populations » (p. 157), qui gagnent en ampleur aujourd'hui.

1. *Ibid.*, n. 158.

Pour que l'économie soit «humaine», celle-ci ne peut être seulement réfléchie pour venir en aide aux pauvres, donner du travail à ceux qui n'en ont pas, et éviter que de nouveaux pauvres surgissent. L'économie est «humaine» lorsqu'elle procède d'une collaboration de tous et lorsqu'elle promeut le bien commun pour tous. Ce n'est donc pas seulement pour les pauvres mais avec eux qu'il doit être possible de réfléchir à des réalisations économiques qui témoignent d'un «respect actif» de toutes les personnes et de leurs familles. Une économie qui exclut les pauvres n'est pas «humaine». Le grand moyen de ne pas les exclure, c'est de penser une économie qui les inclut! La créativité sur le travail adapté dans des ESAT (Établissement et service d'aide par le travail) et sur des relations commerciales consonantes avec la finalité de ces ESAT, en est une belle expression. «L'économie sociale et solidaire» ainsi que la réflexion sur les «circuits courts», sur lesquelles les acteurs économiques attirent l'attention (p. 132 et 163), et bien d'autres initiatives, participent de cette idée: l'économie a à recevoir de la «sagesse» créative des pauvres[1].

1. Le 7 décembre 1965, l'Église faisait cette remarque: «Plus que toute autre, notre époque a besoin d'une telle sagesse, pour humaniser ses propres découvertes, quelles qu'elles soient. L'avenir du monde serait en péril si elle ne savait pas se donner des sages. Pourquoi ne pas ajouter cette remarque: de nombreux pays, pauvres en biens matériels, mais riches en sagesse, pourront puissamment aider les autres sur ce point.» Concile Vatican II, constitution *Gaudium et spes*, n. 15, § 3.

Face à la pauvreté grandissante, il faut de nouvelles ressources. En 1991, au lendemain de la fin de la guerre froide « entre l'Est et l'Ouest », Jean-Paul II pensait que par le « désarmement des énormes appareils militaires », « d'immenses ressources [pouvaient] être rendues disponibles ». Devant la pauvreté actuelle, l'économie qui trouve une partie de sa croissance dans la création et la vente d'armements semble en effet scandaleuse. Mais le Pape ajouta une autre priorité : « Il faudra surtout abandonner la mentalité qui considère les pauvres – personnes et peuples – presque comme un fardeau, comme d'ennuyeux importuns qui prétendent consommer ce que d'autres ont produit. Les pauvres revendiquent le droit d'avoir leur part des biens matériels et de mettre à profit leur capacité de travail afin de créer un monde plus juste et plus prospère pour tous. Le progrès des pauvres est une grande chance pour la croissance morale, culturelle et même économique de toute l'humanité[1]. »

Pour une juste inclusion des pauvres dans l'économie pleinement humaine, il paraît nécessaire de résoudre la confrontation entre deux logiques : d'un côté, « l'accélération continuelle des changements de l'humanité et de la planète [qui] s'associe aujourd'hui à l'intensification des rythmes de vie et de travail, dans ce que

1. Jean-Paul II, *Centesimus annus*, 1er mai 1991, n. 28.

certains appellent “*rapidación*”[1] »; d’un autre côté, le rythme propre des personnes affectées de diverses pauvretés qui, les empêchant ou non de travailler, sont marginalisées du système économique. Peut-être faudrait-il songer à « l’économie de communion » qui ne vise pas seulement à produire des biens pour les partager avec les pauvres, mais qui suscite davantage de liens en étant inclusive. Elle est l’opposé radical de l’économie inhumaine où la seule visée est le profit. Cette économie soumet à l’idole de l’argent, qui est une prison, tandis que l’économie de communion, en révélant les talents, donne la vie. « Que le “non” à une économie qui tue devienne un “oui” à une économie qui fait vivre parce qu’elle partage, inclut les pauvres, utilise les profits pour créer de la communion[2]. »

1. François, *Laudato Sí*, 24 mai 2015, n. 18.
2. François, Discours du 4 février 2017, aux participants à la rencontre « L’économie de communion », organisée par le mouvement des Focolari, fondé par Chiara Lubich (22 janvier 1920 – 14 mars 2008). Le Pape commence ainsi son discours : « Économie et communion. Deux mots que la culture actuelle garde bien séparés et qu’elle considère souvent opposés. Deux mots que vous avez en revanche réunis, en accueillant l’invitation que Chiara Lubich vous adressa au Brésil, il y a vingt-cinq ans, quand, face au scandale des inégalités dans la ville de São Paulo, elle demanda aux entrepreneurs de devenir des agents de communion. En vous invitant à être créatifs, compétents, mais pas seulement cela. Vous considérez l’entrepreneur comme un agent de communion. En introduisant dans l’économie le bon germe de la communion, vous avez commencé un profond changement dans votre manière de voir et de vivre l’entreprise. L’entreprise peut non seulement détruire la communion entre les personnes, mais elle peut l’édifier, elle peut la promouvoir. À travers votre vie, vous montrez que l’économie et la communion deviennent plus belles quand elles sont l’une à côté de l’autre. L’économie devient plus belle, assurément, mais la communion

L'éducation, une urgence et un défi

Il est intéressant que l'éducation apparaisse plusieurs fois dans les propos échangés par les soixante et onze acteurs économiques, comme si l'économie est chose trop belle et trop grave pour être laissée aux mains d'experts non éduqués.

L'éducation a « un rôle primordial à jouer » (p. 110). Les contributeurs de ce livre soulignent que l'éducation est donnée tout autant à l'école qu'en famille. Ils consonnent avec le pape François qui estime que « nous sommes devant un défi éducatif ». Comment ne pas souligner que l'éducation n'est pas une tâche comme les autres ? De même que l'homme ne peut vivre sans se nourrir – d'où la singulière importance de l'agriculture –, de même, il ne peut s'épanouir pleinement sans éducation – d'où l'importance particulière de l'école et de la famille. L'éducation est également permanente – la formation –, au long d'une existence.

L'économie remplit sa mission d'humanité quand elle intègre le rôle primordial de la tâche éducative. Elle assure la place de l'école par le devoir de solidarité. Elle a vocation à résoudre la contradiction apparente suivante : permettre aux parents qui travaillent d'être tout à la fois pleinement participatifs là où ils sont embauchés et pleinement présents à leurs enfants

---

devient elle aussi plus belle, car la communion spirituelle des cœurs est encore plus complète quand elle devient une communion de biens, de talents, de profits. »

qu'ils éduquent. Cela passe par une attention particulière aux déplacements du lieu d'habitation au lieu de travail, afin de les réduire. Cette attention innerve la réflexion sur l'aménagement du territoire. À cet égard, une certaine forme de métropolisation n'apparaît-elle pas plus comme une facilité économique ? Au contraire, une économie humaine, voulue comme telle, n'encouragerait-elle pas davantage un développement territorial équilibré et donc plus durable ? Ajoutons encore ceci. Cette attention aux distances entre lieux de travail et lieux d'habitation est d'autant plus nécessaire qu'elle participe à celle qui vise la réduction des dépenses énergétiques et des pollutions (p. 86 et 124), de l'air en particulier (p. 162).

Revenons à l'éducation proprement dite. Il s'agit d'une éducation au discernement face aux informations accessibles grâce aux nouvelles technologies. Une éducation ouverte à tous, qui refuse l'élitisme et la compétition. Une éducation enracinée dans la transmission des savoirs et ouverte sur le monde de l'entreprise. Une éducation transversale qui apprend à faire inter-agir les différents niveaux de savoirs. Une éducation à l'écologie, à la solidarité et à la responsabilité. Une éducation à la perception de sa propre valeur ainsi qu'à celle des autres, pour de justes et indispensables relations.

Face au pouvoir de l'économie productrice de profits et de la technologie de plus en plus fascinante, il est nécessaire de bénéficier d'une fine et forte éducation pour entrer de façon responsable dans une économie sociale et solidaire, une économie de communion, une économie qui soit toujours en vue du bien commun pour tous.

Là encore, je propose d'écouter le pape François qui cite Romano Guardini : « On a tendance à croire "que tout accroissement de puissance est en soi 'progrès', un degré plus haut de sécurité, d'utilité, de bien-être, de force vitale, de plénitude des valeurs", comme si la réalité, le bien et la vérité surgissaient spontanément du pouvoir technologique et économique lui-même. Le fait est que "l'homme moderne n'a pas reçu l'éducation nécessaire pour faire un bon usage de son pouvoir", parce que l'immense progrès technologique n'a pas été accompagné d'un développement de l'être humain en responsabilité, en valeurs, en conscience. Chaque époque tend à développer peu d'auto-conscience de ses propres limites. C'est pourquoi, il est possible qu'aujourd'hui l'humanité ne se rende pas compte de la gravité des défis qui se présentent, et "que la possibilité devienne sans cesse plus grande pour l'homme de mal utiliser sa puissance" quand "existent non pas des normes de liberté, mais de prétendues nécessités : l'utilité et la sécurité"[1]. »

1. François, *Laudato Sí*, 24 mai 2015, n. 105. Le pape François cite Romano Guardini, *La fin des temps modernes*, Éditions du Seuil, Paris, 1952, p. 92 et 93.

Vient alors un constat! «L'homme est nu, exposé à son propre pouvoir toujours grandissant, sans avoir les éléments pour le contrôler. Il peut disposer de mécanismes superficiels, mais nous pouvons affirmer qu'il lui manque aujourd'hui une éthique solide, une culture et une spiritualité qui le limitent réellement et le contiennent dans une abnégation lucide[1].»

Sans doute serait-il nécessaire de promouvoir une éducation à la juste consommation, comme semble l'indiquer la réflexion de nos soixante et onze contributeurs (p. 129). Comment passer d'une habitude de consommation effrénée et sans limite à une croissance guidée par la solidarité et la sobriété? Ce passage semble s'imposer à tout observateur attentif aux mouvements divers dans notre société confrontée à de multiples défis. Nul doute que ce passage – qui procéderait d'une éducation – contribuerait à une économie plus humaine. Le pape François propose de «s'asseoir[2]» pour penser ce passage.

Vers la fraternité, grâce au travail humain

Penser «l'économie pleinement humaine» est une admirable tâche. Elle repose sur l'être humain et sur son génie propre, sur la personne

---

1. *Ibid.*
2. *Ibid.*, n. 138. Un peu plus loin, François propose de passer d'une «croissance économique» à une «écologie économique» (voir n. 141)!

et sa capacité à nouer des relations, sur sa vocation à travailler, à progresser, à être solidaire, grâce à son intelligence et à sa liberté responsable. Il n'est pas impossible qu'une entreprise qui tend vers une telle économie ne rayonne pas une certaine fraternité, celle-ci étant contagieuse pour la société où elle est insérée.

Permettez-moi d'achever ma méditation par un propos de Paul VI à qui, en ce 50e anniversaire de son grand texte sur le développement, je suis heureux de laisser la parole. Il conclut mes paragraphes dans lesquels je n'ai pas voulu tout aborder. J'ai simplement essayé de regarder quelques « processus » qui, au sein d'entreprises multiples et extrêmement variées, entraînent aujourd'hui personnes et groupes dans « des dynamismes nouveaux » afin d'œuvrer « pour une économie humaine ».

L'ultime propos cité de Paul VI atteste mon estime envers celles et ceux qui sont attelés à la superbe tâche d'édifier une « économie humaine ». Ce faisant, ils contribuent à faire germer et grandir la fraternité. Voilà l'utopie à laquelle tout le monde aspire ! Les entreprises, ainsi réfléchies avec audace et mises en œuvre avec courage, sont alors de belles « cellules de base de la société » (p. 142). Elles ont vocation à l'irriguer des eaux vives de la fraternité. S'il semble apparemment plus facile de traiter la liberté et l'égalité, la fraternité apparaît le parent pauvre. Œuvrer « pour une économie humaine », n'est-ce pas de fait promouvoir la fraternité, inséparable des deux autres, comme trois sœurs si chères à notre devise républicaine ? Ne serait-ce pas la petite fraternité qui a vocation à tirer en avant ses deux grandes sœurs (Charles Péguy) pour que soit fondé le sens de notre identité ?

Mais écoutons Paul VI : « Dieu qui a doté l'homme d'intelligence, d'imagination et de sensibilité, lui a donné ainsi le moyen de parachever en quelque sorte son œuvre : qu'il soit artiste ou artisan, entrepreneur, ouvrier ou paysan, tout travailleur est un créateur. Penché sur une matière qui lui résiste, le travailleur lui imprime sa marque, cependant qu'il acquiert ténacité, ingéniosité et esprit d'invention. Bien plus, vécu en commun, dans l'espoir, la souffrance, l'ambition et la joie partagés, le travail unit les volontés, rapproche les esprits, et soude les cœurs : en l'accomplissant, les hommes se découvrent frères[1]. »

1. Paul VI, *Populorum progressio*, 26 mars 1967, n. 27.

I

Dans un monde en mouvement : la métamorphose des sociétés

Yves Morvan[1]

Crise ? Non ! Mutations…

On a pris l'habitude de parler de « crise » dès que notre société se trouve confrontée à des difficultés dont elle perçoit mal les causes : en Ille-et-Vilaine, comme ailleurs, se succèdent vagues de chômage, croissances des inégalités, désertification de certaines zones rurales, fermetures d'établissements, montée des pauvretés…, etc. En réalité, notre société ne se trouve pas « en crise », au sens traumatique du terme. Une crise, c'est un moment de l'histoire, avec un début et une fin. Ce que connaît notre département est bien différent : c'est une suite de mutations,

1. Professeur émérite de sciences économiques à l'Université de Rennes-1 et ancien président du Conseil économique et social de la région de Bretagne (devenu ensuite le CESER de Bretagne).

voire de ruptures, qui imposent leurs lois à la dynamique sociale. L'idée de crise, qui suppose le passage d'une stabilité à une autre, est alors dépassée par l'idée de changements ininterrompus, confrontée à des bouleversements incessants et continus. Bon nombre d'évolutions que connaissent notre société et notre économie s'avèrent en grande partie inéluctables. Ces évolutions s'opèrent parfois de façons brutales, entraînant ruptures et cassures; parfois, elles s'opèrent de façon discrète, insidieuse: les transitions demeurent lentes et voilées, et les modifications profondes s'annoncent masquées, conservant longtemps les apparences de la vie ordinaire. En tout cas, tout responsable politique, président de la République en tête, sera confronté durablement à la nécessité de s'inscrire dans une logique du mouvement, de l'incertain, de la réforme permanente. Pas toujours facile, parce que les difficultés du moment occupent les esprits et remplissent les horizons; les périls les plus lointains sont négligés et la conscience commune des enjeux fait défaut.

Adaptations ou refus

Décrivant les principales et inévitables mutations qui vont jeter notre territoire dans un univers inconnu, on sait qu'une «métamorphose» et de nombreux changements de notre modèle de développement s'imposent. C'est un fait… Plusieurs attitudes sont possibles face à celles-ci. Les uns, sachant l'humanité indéfiniment capable de s'adapter, se voudront délibérément optimistes et miseront sur l'adaptabilité de l'être humain : ces changements, s'ils lancent des défis, constituent alors des chances et offrent de belles opportunités d'évolutions et de créativité. En tout cas, ils invitent à se repenser, face à cette crise de l'avenir. Pour eux, s'approprier les grands changements que nous connaissons est aussi simple en effet que d'apprendre à conduire une voiture. D'autres, malgré les opportunités que nous offre le « nouveau monde », feront preuve d'inquiétude et même de pessimisme concernant l'organisation de la société, par exemple. C'est le cas de ce jeune retraité qui, après quatre années de travail, aboutit à la création d'une association rejointe par cent vingt personnes et de nombreux investisseurs issus de quatre pays différents mais qui essuie les refus d'une administration bâillonnée par le principe de précaution. Principe que ce retraité aimerait tant voir remplacé par un principe d'expérimentation. Allant plus loin, pour beaucoup, toutes ces transformations du monde et du quotidien généreront bien des malaises qui tourneront au désarroi ; elles conduiront même à des réactions de panique et de contestations des institutions et des « sachants », l'insoumission politique et la révolte souverainiste inviteront souvent à des attitudes de radicalisation, rejetant les cadres habituels de la société, certains allant jusqu'à contester la légitimité de la représentation des citoyens et à rejeter l'existence même de l'État. Enfin, face à ces mutations, d'autres feront preuve d'un pessimisme théorique et d'un optimisme pratique ou bien d'un pessimisme de l'humeur et d'un optimisme de la volonté. Finalement, bien des tensions reflètent les contrastes contemporains : d'un côté, une société inventive et dynamique, guidée par un nouvel idéal des relations et des liens sociaux, souvent « périphérique », cherchant les chemins d'un renouveau de la liberté et de la citoyenneté ; d'un autre, un pays tétanisé par la peur du déclin (et des « autres »), aux antipodes des transformations en cours, nostalgique et impatient d'en découdre avec le « système ».

Optimistes ou pessimistes, en théorie ou en pratique, que nous voyons dans ces évolutions des opportunités ou bien des menaces, un changement de paradigme devient nécessaire, ne serait-ce que pour comprendre les évolutions qui se font jour. Toute mutation produit des « gagnants » et des « perdants » en laissant certaines personnes temporairement au moins sur le bord de la route. Mais la question est précisément de savoir ce que nous ferons pour protéger ces derniers, quels « amortisseurs » permettront à tous de partager les risques ? Une question d'autant plus urgente qu'un trop grand nombre de personnes se retrouvent dans une situation de précarité au long terme aujourd'hui. Aucune communauté ne peut durer et s'épanouir sans organiser et ordonner les intérêts et passions de ses membres. Ceux qui ont en charge de conduire la nation ou de l'éclairer ne sauraient se contenter de défendre seulement les intérêts et les droits de certains.

La France, grande puissance mondiale, a indéniablement un rôle d'exemple à jouer. Elle a déjà montré sa position de leader sur la question écologique à l'heure des énergies fossiles, de la pollution croissante et du réchauffement climatique. De son côté, à l'échelle locale, il apparaît que le département d'Ille-et-Vilaine peut aussi, à la lumière de son expérience, de son rayonnement et de sa créativité, apporter sa contribution.

Cinq mutations

Mais quelles sont ces mutations qui bouleversent l'organisation de notre société? Dans quel monde nouveau nous font-elles pénétrer? Quels risques font-elles courir à nos territoires, mais aussi quels défis leur lancent-elles et quelles opportunités représentent-elles?

On retiendra ici *cinq séries de mutations* qui, apparemment «nouvelles», sont pourtant à l'œuvre depuis plusieurs années. À bien des égards, elles constituent la toile de fond d'un futur qui a déjà commencé. Elles concernent les milieux géographiques où nos activités se développeront, les technologies qui vont transformer nos façons d'être, les institutions autour desquelles notre société va s'organiser, les rythmes de croissance de notre population qui vont modifier nos données démographiques, ainsi que les pressions nouvelles que les conditions environnementales feront peser sur notre territoire.

1. Les mutations géographiques

Notre territoire se trouve engagé dans des espaces de plus en plus « mondialisés », ce qui lui lance d'impérieux défis.

Un processus de mondialisation continu

Avec ce changement d'échelle, l'Ille-et-Vilaine, qui se pensait jusque-là engagée dans un monde relativement fermé, souvent protégé et à l'abri d'un État-protecteur, se trouve de plus en plus confrontée à plusieurs phénomènes simultanés qui bouleversent ses politiques.

Tout d'abord, on assiste à une ouverture de plus en plus large des frontières, aux dimensions de l'univers, sans restrictions ni limites : elle facilite la circulation des hommes, des idées et des capitaux, et accroît la pression concurrentielle sur les firmes locales. Ainsi, par exemple, les prix se fixent désormais à des niveaux internationaux, de sorte que les producteurs se voient imposer des conditions « venues de très loin » (le prix du lait à Janzé dépend des récoltes en Australie ; le cours aujourd'hui élevé du porc breton s'explique par un regain des importations chinoises…).

Par ailleurs, on constate une remise en cause des localisations d'activités, au gré des opportunités qu'offrent les territoires du monde. Tout cela suscite des phénomènes de délocalisation, de sorte que les entreprises se déplacent de plus en plus à la surface du globe, à la recherche soit de zones où les coûts de production sont faibles, soit de zones où les clients sont nombreux, soit de zones où les innovations sont importantes, les ressources de créativité nombreuses, les compétences développées… Selon les cas, tout ceci, au sein d'un territoire, peut soit provoquer des départs d'unités, soit susciter des arrivées d'investissements, comme on l'a déjà noté en Ille-et-Vilaine. L'insertion croissante de l'économie productive dans les processus de globalisation des économies, avec une pénétration importante des capitaux étrangers au sein des territoires locaux, fait ainsi que le sort de ces derniers reste de plus en plus soumis à des décisions extérieures. Il suffit souvent qu'une firme quitte un territoire pour que celui-ci soit en péril ; à l'inverse, l'arrivée d'une seule grande unité peut le sauver, comme ce fut souvent le cas en Bretagne, avec l'arrivée des firmes de l'électronique (à Lannion) de l'automobile (à Rennes) ou du pneumatique (à Vannes). Bref, l'avenir de bon nombre de territoires dépend souvent de leur capacité à savoir produire des externalités afin d'attirer et de retenir les activités dominantes.

En outre, on doit compter avec une « dérégulation » croissante au sein des rapports entre organisations ; elle se traduit de plus en plus nettement par la fin des liens protecteurs qui unissaient l'État et les entreprises, par des séries de privatisations de grands groupes autrefois publics et par l'arrivée de grands prestataires internationaux de services sur le sol breton (cas de la distribution de gaz, d'électricité, ou de transporteurs de voyageurs ou de marchandises...). Tout ceci contribue à déstabiliser le tissu productif local, sans compter qu'on assiste, au même moment, à la fin des quotas agricoles ou à la réduction des soutiens nationaux ou européens.

Enfin, pour couronner le tout, la financiarisation croissante des économies, c'est-à-dire le poids sans cesse accru de grands détenteurs de capitaux dans l'économie mondiale (fonds de pension, gros investisseurs institutionnels...), conduit bon nombre de décideurs à privilégier la recherche de rendements immédiats élevés, au détriment d'investissements productifs durables dans l'« économie réelle ». Ce qui provoque inéluctablement des fermetures d'établissements encore rentables, des processus de fusions-acquisitions et des délocalisations à grande échelle qui bouleversent les économies.

Il est probable qu'au fur et à mesure que se développera cette réalité de la création d'un écosystème global, on assistera à des processus de fragmentation à l'échelle planétaire, à des tentatives de « démondialisation », grâce à des protectionnismes et des re-nationalisations des économies, avec la montée de crispations et de revendications identitaires débouchant sur des renfermements et des besoins d'enracinement dans les territoires nationaux. Or, « plus que d'armures, c'est de charpente que nos contemporains ont besoin aujourd'hui », note le Conseil permanent des évêques de France... Paradoxalement, au moment où s'ouvrent tant de débats sur les avantages et inconvénients de la mondialisation, plusieurs politiques et transformations structurelles semblent parfois pousser au ralentissement de la globalisation de la production des échanges et de la finance ; pour autant, on est loin d'en avoir fini avec ce processus. Du reste, une nouvelle phase de celui-ci s'ouvre avec l'arrivée de nouveaux acteurs sur la scène internationale (l'Afrique, par exemple) et avec la montée des échanges de données numérisées, au sein d'un cybermonde.

Des risques de fractures

La Bretagne croyait entrer dans un aimable village planétaire; mais voilà qu'elle est jetée dans une jungle sans pitié. Les contre-coups de tous ces mouvements risquent de se faire sentir sur notre territoire.

D'un côté, les risques sont grands de ne pas réussir à s'intégrer dans ces systèmes qui se dessinent à un niveau souvent mondial et de se trouver exclus de bon nombre de processus de production, de recherche et d'innovation. Pour autant, des écueils restent à éviter: c'est la tentation de repli, souvent très grande, mais l'expérience montre que ce n'est pas en fermant les frontières qu'on empêchera la fermeture des usines. Il faut l'appui d'une opinion éclairée pour résister à cette tentation de fermeture, alors que la pression de la concurrence inflige parfois de grandes blessures au corps social. En même temps, reste encore très grande la nostalgie de l'industrie manufacturière, d'un monde qui s'est délocalisé, avec ses hauts-fourneaux et ses hangars en brique: ce temps-là ne reviendra jamais, le système productif prenant chaque jour de nouveaux visages, avec une intégration croissante des services au sein des unités de production, et l'essor d'entreprises de tailles plus faibles, articulant leurs relations entre elles grâce à des maillages de réseaux complexes. D'un autre côté, cette ouverture laisse entrevoir, à notre territoire, des perspectives prometteuses de participer à des « chaînes de valeurs » mondiales porteuses, d'accroître ses exportations, de diversifier ses activités, d'accueillir des investisseurs créateurs de richesses et d'emplois…

En tout cas, il apparaît que, d'une part, de vastes catégories semblent vivre loin des soubresauts de la compétition internationale, qui fait forcément des gagnants et des perdants ; ils sont même souvent à l'abri de monopoles paisibles, sans qu'aucun mérite particulier s'attache à ces privilèges. Il apparaît aussi, d'autre part, des professions qui luttent dans une concurrence harassante, sans aucune mesure propre à la « mesure de leur peine » (Costa de Beauregard). Ce sont là des sources d'inégalités que perçoit bien l'opinion, qui conçoit que des actions viennent protéger les plus démunis dans cette compétition.

Les défis de la compétitivité et de l'attractivité

Pour faire face à toutes ces pressions et s'affirmer dans ces processus de mondialisation et de dérégulation, l'impératif d'une plus grande compétitivité s'impose en permanence : les pays n'ont d'autres choix que de participer à cette compétition de façon gagnante. Cela suppose souvent d'accroître notre avantage concurrentiel « par les coûts », voire par un renforcement du productivisme, surtout dès lors que ces coûts représentent une part importante des charges (ce qui n'est pas toujours le cas dans bon nombre d'activités du département) : la tentation de succomber au dumping social est grande... Mais la compétitivité, cela signifie encore plus accroître l'avantage concurrentiel « hors coûts », c'est-à-dire, pour bien se situer dans les filières internationales, se distinguer par la créativité, la différenciation, la durabilité, la qualité sous toutes ses formes.

Dans le même temps, pour accueillir des investisseurs, mais aussi des personnels qualifiés, cela signifie « être attractif », en développant les investissements en capital matériel (infrastructures, moyens de transport et logistique, modernisation des équipements, sauvegarde de l'environnement...), mais aussi en développant les investissements en capital humain : formation, recherche, culture etc. Tous ces bouleversements géographiques renvoient inéluctablement à la notion plus ou moins flottante de frontières : celles-ci sont faites pour être franchies afin de s'ouvrir aux autres, mais aussi pour assurer la protection des individus à l'intérieur des frontières en question.

2. Les mutations technologiques

Le développement des nouvelles technologies est sans doute l'une des mutations les plus inattendues et des plus rapides à laquelle nous ayons affaire. Déjà, par exemple, avec 5 000 chercheurs dans le seul domaine du numérique et de nombreuses interactions entre le public et le privé dans ce domaine, l'Ille-et-Vilaine se sent particulièrement concernée.

Une nouvelle révolution industrielle

À bien des égards, l'essor de ces nouvelles technologies constitue les moments d'une « nouvelle révolution industrielle », tout comme nos civilisations ont pu connaître autrefois les révolutions de la vapeur, de l'électricité, du pétrole ou du nucléaire.

Les champs de ces technologies qu'on dit « nouvelles » sont vastes : c'est la révolution des biotechnologies et du génie génétique ; la révolution des nouveaux matériaux ; la révolution numérique, avec ses nouveaux algorithmes, ses ordinateurs ultra-puissants, la robotique, les drones, le Big Data, l'imprimante 3D, l'intelligence artificielle… etc.

Des implications déterminantes

Combinatoires et transversales, très gourmandes en investissements matériels et immatériels, ces innovations fécondent tous les secteurs d'activités. Leurs implications sur la vie quotidienne des hommes sont de grande importance.

Tout d'abord, sous l'influence de la substitution croissante du capital au travail, grâce à la robotisation des processus et au développement des machines intelligentes, les innovations transforment les façons de produire, permettant de sortir des modèles tayloriens de production pour développer de nouvelles formes d'organisation, basées sur la coopération et l'utilisation de savoirs collectifs. Dans le même temps, des formes plus diverses d'emplois tendent à se développer, avec la multiplication du travail à temps partiel, la multiplication des contrats aidés ou l'essor du travail indépendant. En tout cas, la société tend aussi à se morceler, avec le développement d'un « précarial », c'est-à-dire d'un système de précariat et de prolétariat, fait de mailles et de trous, dans une organisation de soutiens, d'amortisseurs sociaux et d'aides en tous genres, divisant la société en groupes précaires, souvent se jalousant et s'opposant.

Parallèlement, l'utilisation des nouveaux savoirs fait émerger des industries d'un type nouveau, construit autour du paradigme de la connaissance et de l'apprentissage collectif, et où les investissements immatériels (conception, innovation, design, marchandising...) l'emportent sur les investissements matériels. Résultat : une tendance croissante à la dématérialisation des activités, avec une intégration de services en tous genres dans les processus productifs, une réduction des contenus en ressources naturelles et énergétiques, une diminution du travail direct de transformation dans la valeur ajoutée etc. Cette évolution contribuera à réduire la portée de la distinction entre les services et les activités industrielles proprement dites. Cette évolution fera que les entreprises se trouveront inévitablement confrontées à trois types d'exigences organisationnelles : une exigence de flexibilité, de mobilité, de façon à répondre à des demandes très versatiles ; une exigence de réactivité, en réponse à l'irruption de nouvelles opportunités ; une exigence d'innovation, afin de pouvoir s'adapter aux évolutions technologiques que stimulent des processus concurrentiels souvent intenses.

Si les innovations liées à l'essor des nouvelles technologies permettent la production de biens tout à fait nouveaux, qui n'existaient pas quelques années auparavant (domaine de la communication, de la santé, de l'énergie, des transports, de la construction, de l'enseignement...), dans le même temps, elles contribuent à « déclasser » bon nombre de biens et d'activités traditionnelles. Ainsi, par exemple, en architecture, à l'heure du bâtiment intelligent, des techniques utilisées depuis deux cents ans et concernant l'orientation et l'exposition des bâtiments, sont complètement remises en cause par les nouveaux savoirs.

De la sorte, avec la montée d'une économie de plus en plus basée sur l'exploitation des savoirs, on voit se développer en continu le jeu de trois processus qui vont contribuer à transformer le visage de l'organisation de notre département : un processus de « destruction d'activités », affectant des activités en perte de vitesse (certaines activités agricoles et de l'agro-alimentaire, textiles, chaussures, électronique, pêche ou mines etc.) ; un processus de « restructuration d'activités », permettant à de nombreuses firmes de s'adapter à de nouvelles exigences de compétitivité, en se regroupant, pour atteindre une taille optimale (agriculture), ou en innovant, autour de nouveaux processus productifs (services, BTP, commerces, banques etc.), ou en s'intégrant dans des chaînes mondiales de production (automobile, métallurgie etc.) ; un processus de « structuration d'activités nouvelles », enfin, créant de la sorte de nouveaux produits pour de nouveaux marchés, dans les domaines les plus variés (énergie, éco-activités, armements, santé, télé-enseignement, cosmétiques, loisirs etc.). Le résultat de toutes ces évolutions, c'est l'essor d'une économie de plus en plus immatérielle, moins liée aux ressources traditionnelles du sol ou du sous-sol qu'aux ressources « construites » et aux intelligences de toutes sortes ; c'est aussi l'essor d'une société de plus en plus « servicielle », orientée vers les services, le développement du bien-être, la sauvegarde des biotopes, à côté d'activités plus traditionnelles, mais fécondées elles aussi par les nouveaux savoirs.

De nouvelles relations

Le développement du numérique peut affecter, souvent en profondeur, les relations au sein de la société. Il s'agit des relations non seulement au sein de l'entreprise, mais aussi entre l'entreprise et ses clients : ces derniers, mieux informés, rapidement « experts » dans leur domaine, peuvent devenir plus exigeants en termes de prix et de qualité... Au-delà de la société de « consommation de masse » qui a marqué les décennies précédentes, les modèles de consommation ont ainsi de plus en plus tendance à se diversifier et à se fragmenter : les offres se singularisent, avec ses produits moins standardisés. La révolution numérique va permettre d'accélérer ce processus de « démassification » de la consommation : elle donne aux producteurs et distributeurs la possibilité d'aller plus loin dans la recherche de la personnalisation (grâce au Big Data, c'est-à-dire à l'analyses des flux de données concernant les acheteurs, ouvrant la voie à un « commerce de précision », ou grâce au e-commerce qui permet au consommateur d'acheter n'importe quoi depuis n'importe où, échappant ainsi aux « captivités géographiques » dans lesquelles il était pris jusque-là). Cette même révolution permet aux consommateurs de développer d'autres formes d'achats, en accédant aux marchés d'occasion (Le Boncoin, e-Bay...), à des réseaux d'échanges largement dés-intermédiés (circuits courts, réseaux d'échanges locaux...). À la limite, l'échange tend également à s'affranchir de la propriété, puisque, pour beaucoup, l'usage des biens l'emporte sur leur possession.

De façon plus générale, les technologies numériques transforment les rapports que les citoyens entretiennent à plusieurs niveaux : premièrement, elles transforment les rapports qu'ils entretiennent avec le temps : elles facilitent l'instantanéité des contacts, elles suppriment les intermédiaires dans les transactions... Deuxièmement, elles transforment aussi les rapports à l'espace : l'arrivée de la fibre optique dans les coins les plus reculés du département ouvre subitement ces territoires au monde entier, créant un monde sans limites et sans frontières ; avec la technologie numérique, le coût de transport d'un bien numérique à l'autre bout de l'univers est devenu proche de zéro.

Troisièmement, ces technologies transforment les rapports aux autres, et contribuent de la sorte à modifier, souvent de façon puissante, l'organisation elle-même de la vie quotidienne : elles la rendent plus « horizontale », avec la multiplication des échanges et des informations entre citoyens, l'« ubérisation » de la société, le développement des appli de toutes sortes, l'essor des modes des consultations à distance, les achats électroniques réalisés sans se déplacer. Le développement de l'espace Internet va permettre à chacun de s'exprimer, de créer une démocratie de l'expression mais va aussi constituer une menace pour le pacte républicain, et pour toutes les formes de contrat collectif qui requièrent un minimum d'accords sur des informations fiables. Les algorithmes, à la puissance décuplée par l'intelligence artificielle, s'immiscent ainsi partout dans notre quotidien.

Les défis de l'intelligence

De façon générale, ces évolutions technologiques mettent l'accent sur la nécessité, pour l'ensemble de la société, d'intensifier les efforts de recherche et de transmission de savoirs, sous peine d'être exclus de la « société de la connaissance » qui se développe ainsi. Pensons aux fameux MOOC (Massive Open Online Course), ces cours en ligne ouverts et souvent gratuits qui permettent d'avoir accès aux enseignements dispensés dans les meilleures Universités du monde. Certes, toutes les activités ne seront pas affectées par ce « guet-apens » technologique permanent, mais elles seront toutes, à plus ou moins brève échéance, affectées par les progrès de la science. Ces évolutions mettent aussi en évidence la nécessité d'un renforcement des capacités de jugement pour savoir trier dans la masse des informations qui circulent. Véritable défi éducatif dans ce domaine.

Par ailleurs, la transformation du système productif va nettement entraîner la nécessité du renforcement des processus de formation, tout au long de la vie, de façon à faciliter une adaptation des personnels à de nouvelles exigences et à lutter ainsi contre les risques d'un chômage latent. La nécessité d'un développement continu de ces nouvelles compétences concernera tant les personnels des activités manuelles (ouvriers, caissières, secrétaires…) que ceux des activités de services (professions libérales, enseignants, journalistes, transporteurs, informateurs…) : tous subiront probablement plusieurs mutations technologiques au cours de leur vie et devront plusieurs fois changer d'emplois.

Dans le même temps, la production et la diffusion de savoirs nouveaux au sein de la société vont avoir une influence sur l'aménagement des territoires : on voit déjà se renforcer bon nombre de phénomènes de polarisation, autour des technopoles, systèmes productifs locaux et autres pôles de compétitivité. La constitution de métropoles se révèle aussi de plus en plus nécessaire pour plusieurs raisons : bénéficier des indispensables économies d'échelle ; mais surtout faire que puissent se rapprocher et s'articuler, en un seul lieu, les systèmes de recherche, de transfert, de formation, de production et de transport ; il s'agit là d'une condition indispensable quand on développe la production de biens de plus en plus complexes et exigeant l'utilisation de facteurs très différenciés. Les relations qui s'instaurent au sein des métropoles créent un capital relationnel nécessaire à la production collective de connaissances et d'apprentissages féconds. Malgré les progrès en matière de techniques de communication, il subsistera toujours une forte exigence de proximité relationnelle.

Le cas des nouvelles technologiques agricoles

L'agriculture est très touchée par la révolution numérique. L'évolution des technologies agricoles avec leur fort impact écologique représente en effet un enjeu majeur. Il devient de plus en plus difficile pour certains agriculteurs de survivre face aux grandes exploitations agricoles qui ont les moyens d'adopter une technologie novatrice. Aujourd'hui des engins se conduisent d'eux-mêmes par GPS. La position du véhicule se règle à 2,5 cm près. Des drones permettent de cartographier les champs. La traite des vaches, la période des chaleurs, les mises bas sont suivies par le numérique etc. Ce sont alors de lourds investissements qui doivent être envisagés sur des tracteurs bourrés d'électronique et des robots de traite ultrasophistiqués.

Les nouvelles technologies, créatrices ou destructrices d'emplois ?

Ces mutations technologiques, réputées « mangeuses d'emplois », inspirent à toute la société une grande crainte du chômage. On le constate déjà : la numérisation signifie remises en cause, changements de qualifications, réorganisations ; pire elle a déjà mis fin à de nombreux emplois, et la liste des tâches et des opérations qui ont vocation à disparaître est infinie. Ainsi, ce sont non seulement les activités les plus routinières et d'exécution qui sont condamnées, mais aussi bon nombre d'activités intellectuelles, car les machines appellent à remplacer l'homme dans ses activités de conception ; ce sont non seulement les classes populaires et les moins qualifiées qui sont concernées par ces révolutions, mais aussi les cadres et cols blancs. Dans ce tohu-bohu, les grosses structures tireront toujours leur épingle du jeu, mais que deviendront les petites et moyennes entreprises ? Dix personnes remplacées par une machine dans une société deviennent potentiellement dix personnes à charge pour elle. Certains prédisent même la disparition prochaine des intermédiaires entre l'entreprise et le consommateur. Faute de pouvoir revenir en arrière, que faire alors de toutes ces victimes économiques de la numérisation ? Le domaine du service à la personne, en pleine expansion, accueillera-t-il ces nouveaux travailleurs jadis occupés aux tâches manuelles ?

Mais, dans le même temps, ces mutations, aux effets parfois saisissants, peuvent offrir de grands potentiels de créations d'emplois d'abord, il faudra de plus en plus de personnels pour imaginer, contrôler les robots et vérifier que leurs tâches sont bien réalisées ; par ailleurs, en remplaçant l'homme, les machines contribueront à la croissance de la productivité et à la baisse des charges, accroîtront la compétitivité des firmes et permettront ainsi la survie de bien des activités (ainsi que leur re-localisation sur le territoire régional) ; en outre, les progrès techniques, comme depuis toujours, susciteront la naissance de nouveaux produits, et donc de nouveaux marchés et de nouveaux emplois. Contrairement à ce qu'on pouvait penser, les pays les plus équipés en robots sont ceux qui préservent ou développent le mieux leur industrie. Finalement, toute la question est de savoir si l'« effet créateur », aux impacts immédiats et brutaux, l'emportera sur l'« effet destructeur », aux impacts lents et diffus. Si, à très court terme, les suppressions d'emploi peuvent aller bon train, à plus long terme, comme déjà l'histoire l'a montré, les innovations susciteront inévitablement de nouvelles opportunités. Le problème reste souvent moins celui de la disparition des emplois que celui de la transformation du travail et d'une adaptation des compétences à de nouveaux besoins, avec la transmission des emplois d'un monde en péril vers un monde en essor prometteur.

La fin du salariat?

C'est un propos largement répandu: nous entrerions dans une « société post-salariale ». Formellement, le salariat resterait largement majoritaire et dominant, mais son modèle historique, fait de relations hiérarchiques de « coercition tenue » (Michel Foucault) et de dépendances, ne représenterait plus nécessairement l'horizon des agents économiques, ni même, à leurs yeux, les conditions de stabilité que le contrat de travail pouvait leur offrir hier. Certes, le salariat a été considéré, pendant des générations, comme le modèle de société qui associait étroitement activité professionnelle et droits sociaux, et qui faisait du travail ainsi formalisé le « facteur principal de socialisation » (Thierry Pech). On comprend toutefois l'infléchissement d'une telle dynamique quand on constate que le taux de salariat a ralenti sa course dans les années 1990, puis a cessé de croître au début des années 2000, voire à reculer : hors agriculture, le nombre des actifs non-salariés a même augmenté plus vite que celui des salariés. En 2014, en dehors du secteur public, les travailleurs non-salariés représentaient 14 % de l'emploi total (INSEE). Qui plus est, si le salariat demeure encore dominant, il englobe des situations très éloignées de l'idéal de stabilité et de protection qui avait prévalu jusqu'alors, du fait de la multiplication des formes d'emplois précaires (CDD, intérim, stages…), des parcours professionnels très accidentés ainsi que des mesures tendant à favoriser les flexibilités… De la sorte, l'idéal d'une carrière stable, linéaire et continue devient de plus en plus une représentation portée par les générations de personnes plus âgées.

Évolutions technologiques, contraintes croissantes de compétitivité et nouvelles aspirations se mélangent pour expliquer cette érosion de la société salariale. En premier lieu, on note le recul de la société fordiste et intégrée, typique de la société des « trente glorieuses » : certaines entreprises, à la recherche de plus de flexibilité et de pro-activité, se construisent de plus en plus comme des nœuds de réseaux et de liens plus ou moins circonstanciels, devenant des ensembles de contrats plutôt que des communautés de travail intégrées et inscrites dans la durée; elles font coopérer des collaborateurs, sans contrats ni engagement de subordination, avec leur consentement (de type Uber).

En deuxième lieu, il apparaît, chez les salariés, un refus croissant de dépendance, un souhait de «se réaliser» et une aspiration à plus d'autonomie, remettant en cause les disciplines autoritaires dans lesquelles l'entreprise traditionnelle les enfermait –sans que pour autant ils montrent un désintérêt pour le travail lui-même. L'élévation du niveau général des compétences a renforcé ces sentiments d'autonomie et de gouvernement de soi. De surcroît, la révolution numérique est entrée dans la vie des salariés, leur offrant des libertés nouvelles, démultipliant leurs capacités d'échanges et d'auto-organisation. Tout cela se traduit par un engouement pour la création d'entreprise, l'auto-entreprenariat, la construction de projets collaboratifs et d'associations, le souhait d'exercer plusieurs emplois simultanément (cas des «slashers»), l'adhésion à des plates-formes qui créent des liens entre les indépendants et leurs clients ou encore l'intérêt pour le monde coopératif...

Si la fin totale du salariat n'est pas pour demain ou même après-demain, de nombreuses transformations vont de plus en plus affecter le monde du travail et conduire à se poser les questions de sa future évolution.

3. Les mutations institutionnelles

Nombre de dispositions législatives et réglementaires ont contribué, ces dernières années, à modifier les conditions politiques de fonctionnement des collectivités territoriales : nouveau découpage de régions (la Bretagne ayant choisi de rester seule), nouvelles répartitions des compétences entre collectivités, possibilités de création de « communes nouvelles », statut renforcé des métropoles, redécoupage des cantons et surtout essor de la décentralisation.

De ce dernier point de vue, le terme de « décentralisation » peut être entendu de plusieurs façons :

En premier lieu, il peut s'agir du transfert de certaines compétences de l'État au profit des collectivités territoriales (surtout la région) ; dans ce cas, une décentralisation accrue de ces compétences, menée pour des raisons d'efficacité et/ou de démocratie, devrait permettre de responsabiliser plus les acteurs territoriaux, de développer plus d'initiatives au niveau local, de mener des expérimentations et finalement de susciter plus de créativité : c'est là que pourront se constituer les réseaux où s'organiseront les relais capables d'unir les acteurs et de renforcer les solidarités. La société évitera ainsi de devenir une société marquée par une grandissante uniformité et pourra se préoccuper de renouveler sa diversité, multipliant les lieux (et les liens) favorables à la naissance de formes neuves d'action et de relations.

En second lieu, par décentralisation, on peut aussi entendre les mouvements de transfert de firmes d'origines régionales, nationales ou internationales au profit de notre territoire départemental. Cette forme de décentralisation a joué son rôle à plein en Bretagne, depuis les années 1960-1970, où l'État, sous la pression des Bretons unis au sein du CELIB (Comité d'études et de liaisons des intérêts bretons), a invité bon nombre d'entreprises à s'installer dans notre région. D'où l'implantation, en Ille-et-Vilaine, de Citroën ou de nombreux centres publics de recherche, comme le CCETT, Transpac ou l'Inria, par exemple. En réalité, il en a été, dans de tels processus de décentralisation, d'un double mouvement : celui d'une volonté nationale et celui d'une forte volonté locale. C'est aussi bien d'une telle rencontre que sont nés, entre autres, par la suite, les voies gratuites, le plan routier breton, la LGV et, de façon plus générale, les soutiens apportés aux villes, aux campagnes et aux activités économiques, sociales et culturelles de toutes sortes. Une constante peut être observée, quelles que soient les nuances politiques : l'Ille-et-Vilaine a très vite été considérée à l'échelle de la région, comme une locomotive à laquelle il fallait donner du charbon.

On peut s'interroger ici sur le rôle des institutions régionales et départementales.

Auparavant, elles construisaient la société. Aujourd'hui, ne sont-elles pas en pleine mutation ? Leur rôle ne s'affaiblit-il pas face à la pression des grands investisseurs, d'origine souvent extérieure au territoire ? En tout cas, bon nombre d'exemples de grands projets (Notre-Dame-des-Landes, l'éco-taxe, la ligne TGV...) montrent combien l'articulation entre les décisions nationales et leur réception locale est devenue déterminante.

On peut aussi s'interroger sur le rôle de l'État : à un moment où on note des aspirations croissantes à plus d'autonomie et à plus de liberté, peut-on toujours penser désormais ces aspirations en dehors de l'expérience historique de l'État-providence conçu après-guerre ? Celui-ci devrait toujours avoir le souci de compenser, de corriger et de panser ; mais aussi, et de plus en plus, ne devrait-il pas avoir le souci de créer les réelles conditions pour que les citoyens puissent, en toute liberté, mieux s'armer et construire leur destin eux-mêmes ?

La métropole... et les autres territoires

Autre phénomène institutionnel connexe à la décentralisation, qui a totalement redéfini le rôle des communes en éloignant les plus petites d'entre elles des centres de décision tout en engendrant un nouveau système de représentation et de délégation du pouvoir : la métropolisation. Il s'agit là d'une évolution aux multiples impacts qui a profondément changé la physionomie des territoires à l'échelle de la Bretagne : ainsi, du fait de la forte attractivité de la métropole, les migrations quotidiennes s'accélèrent énormément vers Rennes (mais aussi vers Saint-Malo, Fougères, Redon, Vitré...) tandis que bon nombre de jeunes, souvent très bien formés, migrent dorénavant vers la ville, ne laissant dans leurs territoires d'origine qu'une population souvent peu formée et peu qualifiée, et qui n'est plus tirée par le haut.

L'essor de la métropole rennaise, qui entraîne donc inéluctablement une polarisation des populations, a suscité de fortes critiques : beaucoup y voient des risques de désertification des campagnes et un obstacle au développement des autres villes. Pour le moment, il n'en est rien. Si une trop forte polarisation peut engendrer des inconvénients (pollution, nuisances sonores, encombrements...), elle se révèle nécessaire pour produire les éléments de la « société de la connaissance » qui se met en place. En outre, une métropole comme Rennes exerce par ailleurs de notoires effets d'entraînement sur les territoires environnant, par la diffusion des innovations, l'importance des commandes assurées, la masse des salaires distribués. Enfin, il faut bien constater que les autres villes ne sont pas en panne de développement : beaucoup d'entre elles, même de tailles modestes, attirent maints centres de recherche (Dinard, Saint-Malo, Fougères...) et nombre d'entreprises, souvent très innovantes et en relation avec la ville-capitale (Combourg, Vitré, Tinténiac ou Liffré, par exemple...).

Tout au long de ces processus, toutes les villes du département s'efforcent de développer leur attractivité, même si leurs atouts sont parfois insuffisants : elles peinent ainsi parfois à recruter certaines compétences (cas des médecins et personnels hospitaliers, par exemple, ou encore de cadres d'entreprises de haut niveau). À l'observation, il s'avère ainsi que l'attractivité d'un territoire dépend de facteurs nombreux et complémentaires : au premier chef, on cite la richesse et la diversité du système productif, gages de possibilités de créations d'emplois, notamment pour les conjoints ; mais d'autres atouts sont aussi déterminants : la qualité des infrastructures scolaires ou culturelles, par exemple, ou encore la qualité des transports. On peut citer la situation privilégiée de Redon, au sein d'« un triangle d'or », à la croisée de trois départements et deux régions, à mi-distance de Rennes, Nantes et Vannes ; ou encore tous les sites à proximité des autoroutes ou du TGV. Pour autant, l'attractivité ne dépend pas d'un seul critère, mais d'une somme d'atouts qui se complètent.

La ville entre en campagne

Le mouvement pendulaire des campagnes vers les villes, en concentrant la population en ville, n'a pas entraîné, en Ille-et-Vilaine, cette fameuse « désertification » du monde rural qui ne serait plus que dédié aux seules activités agricoles. En fait, voilà que maintes villes rurales, y compris les plus petites, ont vu leur population croître entre les deux derniers recensements. Cela tient aux « navetteurs », qui ont choisi de résider en milieu rural, et à l'essor des résidences secondaires (qui deviennent souvent des résidences principales). Commerçants et artisans sont revenus pour satisfaire les besoins d'une population profitant souvent de la redistribution nationale. La campagne devient, de la sorte, tout à la fois, un espace de production, un lieu de résidence, un milieu de loisirs. Tandis que les habitants de la campagne s'emparent de plus en plus des comportements et des valeurs des habitants des villes, les frontières entre le rural et l'urbain s'estompent. Notons ainsi que le statut du rural est paradoxal en France : en effet, la campagne accueille ceux qui manquent de moyen pour vivre en ville, mais aussi les plus aisés, qui cherchent à s'extirper d'une vie citadine mouvementée.

4. Les mutations démographiques

Qu'en est-il des femmes et des hommes, qui sont au cœur de toutes ces mutations technologiques, institutionnelles et géographiques ? Eux aussi évoluent dans leur manière de vivre et de travailler à l'intérieur et à l'extérieur du territoire.

Destination Ille-et-Vilaine

Contrairement à de nombreux départements, l'Ille-et-Vilaine voit sa population continuellement croître : 52 000 habitants supplémentaires entre 2012 et 2016. Ce département représente le tiers de la population bretonne. Les travaux prospectifs (source INSEE) laissent nettement percevoir une poursuite de cet essor démographique puisque la population devrait atteindre 1,250 million d'habitants en 2040, soit avec un gonflement de sa population de l'ordre de 30 % ! Contrairement aux trois autres départements bretons, l'Ille-et-Vilaine, si elle doit s'attendre à un vieillissement de sa population et connaître une « gérontocroissance », affichera malgré tout, par rapport aux autres, un « indice de jeunesse » plus fort et un « indice de vieillesse » plus faible.

Derrière cette croissance, on peut voir le jeu d'un important flux migratoire positif (de l'ordre actuellement 10 000 personnes par an), responsable, pour 80 %, de l'essor démographique du département : c'est l'arrivée de jeunes et d'adultes, souvent attirés par les Universités, les start-up et les perspectives d'emplois offertes par toutes les entreprises en place ; c'est aussi l'arrivée de retraités, principalement en zones rurales et sur le littoral. Cet attrait, notamment pour Rennes, mais aussi pour Vitré, Redon, Saint-Malo, s'est renforcé au cours des ans. Cette évolution correspond à un mouvement lent et résulte d'une volonté politique de longue haleine… Dans le même temps, l'Ille-et-Vilaine connaît aussi le départ de nombre de ses habitants, notamment des jeunes ; cette « fuite » des cerveaux est en effet un phénomène national de grande ampleur qui doit attirer notre attention. Si les jeunes partent notamment à l'étranger, c'est que leurs initiatives ne sont pas toujours encouragées en France. Bien des innovations, mises au point sur notre territoire, sont développées ailleurs (pensons au système de reconnaissance vocale, à l'imagerie médicale…).

Les défis d'organisation du territoire

Une telle évolution constitue évidemment une chance pour notre territoire, tant ce solde migratoire va permettre de soutenir le renouvellement des populations, de bénéficier d'un accroissement de main-d'œuvre et d'une multiplication des compétences, de favoriser des rencontres entre cultures. Mais, simultanément, cet accroissement démographique constitue autant de défis, tant en ce qui concerne la répartition géographique de ces populations nouvelles (ville/campagne, intérieur/littoral, métropole/villes moyennes) que le développement de leurs conditions d'accueil (écoles, nouveaux moyens de transport, services sociaux...).

Une telle évolution a évidemment des conséquences sur l'immobilier. Ainsi, on prévoit 1 500 logements supplémentaires par an dans les 10 prochaines années à Rennes. L'accroissement démographique va participer au renouvellement des formes urbaines. À Rennes, par exemple, la capitale bretonne a dû casser ses remparts pour s'élargir et construire au-delà des limites que constituait la rocade ; sa fameuse « ceinture verte » a été largement réduite et nombreux sont ceux qui veulent s'installer dans des périphéries accueillantes (et moins onéreuses que dans les centres).

5. Les mutations environnementales

Longtemps présentées comme des préoccupations généreuses ou des mots d'ordre pour initiés, les préoccupations environnementales constituent désormais un des principes majeurs de l'organisation de la société d'aujourd'hui et de demain.

Des dangers

On sait combien la reproductibilité du système technico-économique devient de plus en plus difficile, du fait de l'appauvrissement des sols, de la pollution des eaux, de la remise en cause de nombreux éco-systèmes, de la rareté de certaines ressources naturelles... On sait aussi les dangers que font courir les changements climatiques (inondations, sécheresses extrêmes, ouragans, montée des eaux, etc.), pouvant compromettre le bien-être des générations futures. On connaît enfin les dangers des émissions de gaz à effets de serre, résultant de consommations excessives d'énergies fossiles, mais aussi d'émissions dites « non-énergétiques », relevant de mécanismes chimiques et biologiques, comme la méthanisation.

Des risques et des opportunités

Faute de prise de conscience des dangers courus et des réactions rapides, les risques sont grands d'assister à une dégradation continue des conditions environnementales, à des manques d'énergies renouvelables et à un accroissement des pollutions portant de plus en plus atteinte aux équilibres des biotopes... D'un autre côté, ces évolutions environnementales peuvent constituer des opportunités pour notre territoire et ses activités économiques, en invitant à produire de nouveaux biens (nouveaux types de logements, nouveaux modes de déplacement...) et à produire de nouvelles formes d'énergies.

Face à ces risques, et aux défis qu'ils nous lancent, la recherche de nouveaux modes d'articulation des relations entre les activités des hommes, leurs territoires et leur environnement s'impose, sachant que très souvent, sous une rhétorique de consensus, se cachent des conflits larvés entre les préoccupations économiques et les préoccupations environnementales... Dans cette perspective, l'utilisation de plusieurs voies semblent s'imposer à plus ou moins long terme : lutter contre les consommations excessives d'énergies ; réduire les déchets, grâce au développement d'une « économie circulaire » ; reconsidérer certains modes de production (notamment dans le domaine agricole) ; protéger les biotopes ; concevoir des nouvelles formes de construction et d'urbanisation ; lutter contre l'artificialisation des sols, leur imperméabilité et leur contamination, ce qui n'est pas toujours aisé, car si les sols sont considérés comme des patrimoines communs, leur propriété reste individuelle etc. Toutes ces initiatives ne pourront se développer sans une nette prise de conscience des dangers par tous et par une modification profonde de certains comportements.

Dès lors qu'entre autres, le problème énergétique s'impose, le département d'Ille-et-Vilaine, comme beaucoup d'autres, essaie de s'adapter. Ainsi, en matière d'énergies renouvelables, des efforts importants ont été réalisés ces dernières années dans le domaine éolien et dans celui du photovoltaïque. Cependant, le choix de l'éolien n'est pas sans susciter quelques réserves : on pointe du doigt son manque d'efficience, sans parler de la pollution visuelle et sonore. Certaines limites semblent donc avoir été atteintes dans ce secteur, contrairement au solaire qui paraît en constant progrès. Le manque d'expérience et de recul ne permet pas de se prononcer définitivement sur l'opportunité de telle ou telle option mais il faut essayer au risque de se tromper. Les nouvelles énergies commencent à être compétitives par endroit. De manière générale, les ressources durables sont très riches en Bretagne – d'où l'intérêt grandissant des chinois pour notre région – mais leurs exploitations restent à améliorer.

II

Des habitants d'Ille-et-Vilaine s'interrogent et proposent

Paroles d'acteurs

Face à toutes ces mutations, deux attitudes sont possibles. Les subir et les observer en se contentant d'en amoindrir les effets négatifs dans la mesure du possible. Ou bien analyser avec précision les conséquences de ces mutations afin de faire de tous les obstacles potentiels qu'elles représentent des atouts majeurs orientés vers l'humanisation de l'économie. C'est ce qu'ambitionnent de faire les pages suivantes.

D'abord, les effets provoqués par les mutations technologiques seront décrits avec précision. Ensuite, c'est leur impact dans le monde du travail, marqué par de multiples évolutions, qui retiendra notre attention. Puis viendra le tour des risques et des opportunités suscités par les mutations touchant aux organisations, qu'il s'agisse des mutations institutionnelles à proprement parler ou des mutations liées à l'organisation du travail au sein des entreprises. Enfin, il sera question du territoire qui subit les effets conjugués de toutes les mutations déjà évoquées et des mutations démographiques, géographiques et environnementales. À chaque fois l'appréciation positive ou négative de la situation nouvelle créée par ces changements sera suivie de propositions concrètes.

A. Nous et les nouvelles technologies

Même si la mutation technologique est un fait, qui s'impose à nous, comme toute autre mutation, ses conséquences à plus ou moins long terme peuvent et doivent être analysées avec attention. D'autant plus que le phénomène est massif et concerne, comme nous l'avons remarqué plus haut, à peu près tous les secteurs d'activités. Il s'agit donc de corriger les conséquences négatives de cette mutation qui menacent l'idée que nous nous faisons du bonheur, du progrès et de la liberté. Mais il s'agit aussi et surtout d'identifier et de favoriser celles qui permettront aux relations et à la vie humaine de gagner en dignité. Que ce soit dans le domaine des télécommunications, de l'agriculture, de la santé ou du tourisme, les nouvelles technologies révolutionnent notre manière de vivre et de penser. À nous d'en tirer le meilleur et d'éviter le pire en imaginant pour ce faire une éthique. Non pas un nouveau catalogue de principes abstraits mais quelques règles qui puissent répondre aux véritables besoins de la personne humaine, sans a priori, en comptant avant tout sur le bon sens.

1. Forces et faiblesses de nouveaux savoirs

Que ce soit sur le plan des relations que nous pouvons entretenir entre nous dans la sphère familiale, publique ou économique, ou bien sur le plan de notre équilibre personnel et de notre santé, le développement apparemment sans limite des nouvelles technologies s'avère exaltant. Cependant l'enthousiasme provoqué par les découvertes étonnantes et les expérimentations souvent porteuses d'espoir, que les médias mettent en scène quasi quotidiennement, côtoie, il faut bien le dire, une certaine forme d'inquiétude. Une inquiétude qu'il s'agit de regarder en face afin d'agir sans nous laisser griser par les prouesses de la science mais avec détermination, en prenant les bonnes décisions à l'échelle individuelle et collective.

Éloge du numérique

Même si tout progrès provoque, par définition, des résistances dans la société de la part de ceux qui préfèrent, surtout en temps de crise, s'en tenir aux outils fiables qui ont fait leur preuve, il est impossible de ne pas se réjouir des nombreux avantages que présentent les nouvelles technologies. Sur le plan social d'abord, l'essor du numérique peut être l'occasion d'un rapprochement solidaire inattendu. Les nouvelles technologies constituent en effet une tribune gratuite pour les laissés pour compte qui, jusqu'alors, n'avaient pas droit à la parole, comme les personnes du tiers-monde, par exemple. En outre, Internet permet une sensibilisation aux grands problèmes de la planète qui sont portés à la connaissance de millions d'internautes d'un simple clic en contournant les censures éventuelles dont les médias peuvent être victimes. Sur le plan social toujours, l'utilisation des tablettes numériques est capable de révolutionner la vie des personnes handicapées et leur permet de jouir d'une autonomie inespérée il y a quelques années encore dans les tâches du quotidien. Et puis, nous ne le disons pas assez parce que nous nous y sommes peut-être habitués trop vite: les nouvelles technologies permettent, en général, de réduire considérablement la pénibilité au travail des « cols bleus » en supprimant les tâches difficiles et répétitives qui sont à l'origine de nombreux troubles musculo-squelettiques, même si l'utilisation intensive des micro-ordinateurs peut en occasionner d'autres.

Ensuite, sur le plan économique, c'est d'abord notre savoir-faire local et national qui peut être valorisé par les nouvelles technologies. N'oublions pas que le système de publicité personnalisée sur Google à partir de mots-clés a été conçu par une société française[1] ! En outre, les nouvelles technologies permettent une meilleure connaissance du marché et facilitent les échanges entre les exploitants, les coopératives et les industriels en rapprochant le producteur

1. CRITEO.

du consommateur. Le secteur du tourisme, qui n'est pas subventionné bien qu'il représente des millions d'emplois, en est l'un des premiers bénéficiaires. Les sites Internet donnent une visibilité immédiate et planétaire à tous les sites touristiques de notre pays, qui demeure la première destination au monde. Le travail effectué autour d'un lieu emblématique comme le Mont-Saint-Michel est significatif à cet égard. Certes une telle évolution oblige les hôtels qui ne se situent pas dans un site exceptionnel, par exemple, à travailler leur image autrement. Mais le numérique n'en reste pas moins un outil exceptionnel pour le tourisme.

Une santé augmentée

C'est dans le domaine de la santé que le progrès des nouvelles technologies est le plus spectaculaire. L'émergence des biotechnologies constitue une mutation encore jamais atteinte dans l'histoire des sciences qui va permettre à une médecine personnalisée de se développer rapidement. Concernant l'établissement du diagnostic d'abord, la « médecine augmentée » élabore des logiciels de traitement d'images d'IRM qui accélèrent l'échange et l'analyse d'informations entre professionnels en garantissant la confidentialité et la sécurité, deux caractéristiques majeures de la médecine personnalisée de demain. De plus, les technologies permettent les consultations à distance entre patients et médecins pour les secteurs ruraux les plus éloignés ou bien entre les médecins et l'équipe soignante. Ensuite, pour ce qui est du traitement proprement dit, la réalité virtuelle augmentée fournit déjà une assistance précieuse par la construction d'images de synthèse qui représentent une aide majeure aux gestes chirurgicaux. Elle facilitera également le suivi et la collaboration des patients, qui pourront jouir ainsi d'une plus grande autonomie. Aujourd'hui, à l'hôpital, il est encore nécessaire d'effectuer des déplacements et des manœuvres parfois pénibles pour remplir ou pour consulter certaines fiches de renseignements. Le patient pourra bientôt consulter directement les comptes rendus d'une opération chirurgicale, par exemple. Dans le contexte des pathologies chroniques, qui exigent la surveillance des personnes dépendantes et/ou vieillissantes, les capteurs de constantes biologiques en temps réel révolutionnent la vie des médecins et des patients.

Les biotechnologies sont aussi à l'origine de nouveaux matériaux. Implantables, modélisés et reproduits en impression 3D, ces derniers s'adaptent parfaitement au patient en suivant en temps réel les évolutions de sa pathologie. L'impression 3D guidée par ordinateur devrait permettre à terme de reproduire au plus près certains tissus sur lesquels seront testés la toxicité de drogues et de contaminants environnementaux mais aussi l'efficacité de futurs médicaments sur des cellules humaines *in vitro*. Ce qui permettrait aux biologistes de s'affranchir en partie des problèmes liés à la spécificité de l'espèce, qui engendrent des toxicités et des réponses pouvant varier entre l'homme et les animaux. À plus ou moins long terme, ces « organoïdes » pourraient aussi servir de greffons, pour la peau, par exemple, et compenser transitoirement certains organes déficients chez des patients en attente de greffe.

Notons enfin les avancées formidables de la médecine prédictive permises par les biotechnologies. La bio-informatique, c'est-à-dire l'informatique appliquée à la biologie, ainsi que la miniaturisation et le haut débit des analyses biologiques et cellulaires sont à l'origine de nouvelles recherches cliniques qui font progresser la caractérisation des marqueurs de pathologies et le suivi des traitements. La médecine prédictive va aussi rendre possible la prévention efficace, le diagnostic précoce, le ciblage thérapeutique et les surveillances post-traitement en prévenant ou en retardant l'apparition de pathologies par une surveillance médicale appropriée et des traitements adaptés. Dans le cadre d'un diagnostic prénatal, elle permet de prévenir certaines pathologies lourdes.

Comme ce rapide tour d'horizon le montre, les nouvelles technologies représentent donc des opportunités inimaginables, il y a quelques années encore, dans de nombreux domaines. Mais comme tout progrès, celui-ci comporte aussi de nombreux risques et des menaces sérieuses qu'il convient d'identifier avec vigilance.

Des problèmes éthiques

Sur le plan médical, c'est évidemment le risque de l'eugénisme que le développement de la médecine prédictive peut accentuer. Dans le cadre du diagnostic prénatal, par exemple, l'émergence des bio-technologies peut être à l'origine de nombreuses dérives comme le choix du sexe, de la couleur des yeux ou de telle autre caractéristique physique.

Au-delà de ce risque majeur auquel l'opinion demeure assez sensibilisée, une autre dérive moins connue guette les bénéficiaires de la médecine augmentée. Certains patient pourraient en effet ne pas avoir accès aux mêmes soins selon qu'ils habitent dans le centre d'une grande ville ou bien dans une zone non couverte par les réseaux numériques performants et sécurisés de très hauts débits. L'évolution de la relation entre le patient et le médecin provoquée par l'utilisation des biotechnologies ne doit pas instaurer une médecine à deux vitesses où seuls les plus favorisés géographiquement, sociologiquement et économiquement pourront bénéficier d'une médecine prédictive et curative de pointe.

Un risque de rupture sociale

L'émergence des nouvelles technologies peut aussi représenter un certain risque pour la vie sociale dans son ensemble. Rappelons, pour commencer, les conséquences bien connues de l'utilisation sans limite des nouveaux moyens de télécommunication, sans oublier leur aspect positif naturellement. Nous le savons, les rapports sociaux se tissent entre les individus au gré de relations, d'interactions et de multiples liens d'interdépendance qui permettent à chacun de se forger une personnalité et de s'orienter dans l'existence. La socialisation, qu'elle soit familiale, culturelle ou professionnelle contribue ainsi à la construction de notre identité. Or le flot ininterrompu d'informations et le contact incessant avec le monde extérieur dans lequel nous plonge la révolution numérique nuisent à la création de relations véritables. L'intrusion des nouvelles technologies dans la vie familiale constitue en particulier un véritable défi. Vectrices de relations, rendues plus intenses souvent, grâce à elles, les nouvelles technologies représentent donc aussi et surtout une menace sérieuse pour la vie en commun. Elles causent parfois un profond déséquilibre dont trop peu d'experts nous parlent, alors que chacun en fait l'expérience quotidienne.

Par ailleurs, dans le champ politique, l'utilisation massive des nouvelles technologies n'est pas sans poser problème sur le plan des libertés individuelles. Des libertés potentiellement menacées, de fait, par le développement vertigineux des « mégadonnées » stockées au sein de grandes bibliothèques virtuelles à l'insu des citoyens le plus souvent. Dans les circonstances très particulières que notre pays a connues ces dernières années, de telles données ont certes le mérite de permettre à l'administration d'assurer efficacement la surveillance de certains individus. Mais c'est naturellement en remettant en cause la protection de la vie privée que de telles mesures de sécurité sont prises. C'est ainsi que la société de l'hyper-accompagnement, qui offre de réels services aux personnes les plus fragiles, est aussi une société de l'hyper-surveillance et d'une protection sociale sélective, voire intrusive.

Un risque de rupture économique

En outre, au-delà de la question des télécommunications, qui occupent le devant de la scène, le problème de l'accès direct aux nouvelles technologies est rarement analysé aujourd'hui. La publicité pour certaines applications ludiques et grand public occulte en effet le fossé qui se creuse de jour en jour entre ceux de nos concitoyens qui peuvent véritablement en profiter et tous ceux qui, au contraire, demeurent étrangers à une véritable connaissance et à une véritable maîtrise des outils que la technique permet d'utiliser aujourd'hui. Nombreux sont ceux qui se trouvent effectivement dans l'impossibilité de les utiliser et qui courent ainsi le risque d'être marginalisés. La question se pose à l'échelle d'un territoire et de notre pays, où les compétences technologiques sont de plus en plus recherchées, mais aussi et surtout à l'échelle internationale. Les civilisations favorisées peuvent en jouir tandis que d'autres, quoique potentiellement connectées, en sont incapables. Toute une partie de la population mondiale se trouve ainsi mise de côté.

L'accès au téléphone portable s'est certes démocratisé un peu partout dans le monde, mais qu'en est-il des applications plus élaborées des nouvelles technologies dans le domaine agricole, par exemple ? Le métier d'agriculteur devient de plus en plus complexe de nos jours. Avant, il suffisait, en quelque sorte, de connaître la mécanique et la chimie. Aujourd'hui, l'agriculteur doit inscrire son activité au sein d'un écosystème complexe en exécutant des tâches particulièrement ardues qui requièrent l'acquisition de savoirs de plus en plus élaborés. Des fractures importantes sont donc en train de se créer dans le milieu agricole auquel un assez faible niveau d'études pouvait donner accès jusqu'à présent. Le petit maraîcher bio n'a pas à s'inquiéter outre mesure : faute d'être un producteur de masse, il pourra toujours faire un bon commerçant de proximité. La demande est là. Mais les difficultés commencent dès lors qu'il s'agit de produire beaucoup pour répondre aux besoins grandissants de très nombreux consommateurs présents dans les métropoles, par exemple, ou bien dans certaines régions d'Afrique. Des régions où d'abondantes quantités d'aliments, de fibres et de matériaux de construction sont nécessaires. Quand la production de biomasse est très importante, la concurrence s'amplifie et le métier de producteur de denrées devient de plus en plus compliqué. Il va sans dire que les fractures économiques et sociales au sein des pays riches seront encore plus flagrantes dans les pays pauvres.

En dehors du domaine agricole, l'innovation peut parfois générer, à côté de ses multiples bienfaits, certaines complexifications qui empêchent le plus grand nombre de profiter du progrès et d'avoir accès aux connaissances les plus élémentaires. C'est ainsi que l'intelligence artificielle, par exemple, peut s'apparenter à un véritable mirage malgré tout ce qu'elle nous apporte par ailleurs. Car même si l'automatisation d'un certain nombre de gestes facilite des procédures qui, sans elle, aurait demandé plus de temps ou plus d'énergie, la réalité elle-même n'en demeure pas moins complexe pour autant. Le développement de l'intelligence artificielle peut ainsi risquer de donner aux hommes et aux femmes d'aujourd'hui, ainsi qu'à leurs enfants, une illusion de simplicité en les incitant à ne pas utiliser leur propre intelligence face à un monde qui serait devenu totalement limpide et transparent. Le robot traducteur, par exemple, est capable de transcoder rapidement et avec précision parfois un énoncé d'une langue à l'autre mais il ne sait pas ce qu'il fait. Contrairement à la femme, à l'homme ou à l'enfant qui cherche un mot dans le dictionnaire pour comprendre une phrase écrite dans une langue qui n'est pas la sienne, il n'a pas conscience de traduire. Il n'aura donc pas l'idée de procéder d'une autre manière pour comprendre le sens de la phrase en question si le mot qu'il cherche ne se trouve pas dans le dictionnaire qu'il consulte. Car le robot est incapable de comprendre qu'il ne comprend pas et de trouver de nouvelles solutions lui permettant de dépasser sa propre incompréhension. Une « voiture intelligente » pourra être programmée pour réagir sans conducteur dans certaines situations. Mais il lui sera toujours difficile de s'adapter à un imprévu, qui requiert un véritable discernement, même si les prouesses technologiques dans ce domaine sont extraordinaires. Or la vie est faite d'imprévus. La question de l'intelligence artificielle n'est pas qu'une question philosophique, même si elle donne à penser sur le rapport de l'être humain à la connaissance, elle impacte notre vie quotidienne. Une « valise » technologique est maintenant nécessaire pour assurer la moindre réparation sur la voiture la plus simple ou sur le moindre tracteur. Le garagiste d'antan doit ainsi se transformer en utilisateur chevronné d'outils électroniques. Est-ce un hasard si les génies des nouvelles technologies comme Steve Jobs mettent leurs enfants dans des écoles où les tablettes sont interdites et si de grands scientifiques comme Stephen Hawking reconnaissent eux-mêmes que l'intelligence artificielle représente une véritable menace pour l'humanité ?

Plus fondamentalement, certains craignent à travers le surdéveloppement des nouvelles technologies une forme de déshumanisation. Sur le plan économique, le secteur le plus touché sera vraisemblablement celui du conseil. Chacun croit pouvoir se procurer par lui-même, à tort bien souvent, les informations dont il a besoin au détriment d'une évaluation distanciée de la situation dans laquelle il se trouve. D'aucuns redoutent à travers le développement des biotechnologies l'avènement du transhumanisme qui transformerait l'homme en un être connecté qui perdrait sa liberté, son autonomie et, pour finir, son humanité en échange d'une hypothétique immortalité. En résumé, non seulement les jeunes mais aussi quasiment toutes les femmes et tous les hommes d'aujourd'hui sont perdus sans les nouvelles technologies. La créativité, l'inventivité qu'ils sont amenés à déployer pour résoudre les problèmes les plus élémentaires y sont tellement liées dorénavant qu'ils ne peuvent plus rien sans elles. Il n'y a qu'un pas pour dire que leur bonheur en dépend.

Comment profiter pleinement des opportunités des nouvelles technologies, qui améliorent la condition de vie des personnes les plus fragiles, par exemple, tout en évitant de prendre des risques inconsidérés ? Comment déterminer avec précision le positif et le négatif dans ce domaine, sans dramatiser la situation ? Ce n'est rien moins que le bien et le mal qui s'affrontent ici. Il en va du respect du vivant et de la dignité humaine. Quel cadre pour la technologie d'aujourd'hui ? Quelles limites pour celle de demain ? Comment faire grandir l'homme ? Comment transformer ces formidables outils qui se présentent à nous en instruments de liberté ? À partir de quelles valeurs ? Telles sont les questions qui se posent dans une société en quête de partage, de bienveillance, de sens et de sagesse où chacun veut légitimement prendre part en personne à la réflexion.

2. Pour une éthique des nouvelles technologies

Loin de tout dogmatisme, l'éthique des nouvelles technologies ne peut être qu'une éthique qui implique les utilisateurs des nouvelles technologies, c'est-à-dire la quasi-totalité de la population. Une éthique du service aussi qui rappelle que les nouvelles technologies ne sont pas une fin en elles-mêmes mais qu'elles participent à l'amélioration des conditions de vie des plus faibles. Une éthique pragmatique enfin, qui part des expériences de terrain en préférant aux principes abstraits les solutions qui marchent et qui permettent effectivement à l'être humain de se développer.

Une éthique pour tous

La première question qui se pose au sujet d'une éthique destinée à réguler l'usage des nouvelles technologies est de savoir qui serait en mesure de l'édicter et de la faire appliquer. Il existe déjà des lieux de réflexion mais ceux-ci doivent sans doute être améliorés et renforcés pour répondre aux demandes croissantes qui ne manqueront pas d'être formulées à ce sujet dans un avenir proche. Ces lieux de réflexion et de discernement que sont les comités d'éthique ne pourraient-ils pas être mis davantage à la portée de tous sans être réservés aux spécialistes, par exemple ? Au-delà des comités d'éthique proprement dits, des cercles de réflexion plus larges, ouverts au grand public ne faciliteraient-ils pas l'information et la réflexion pour aider chacun à vivre avec les nouvelles technologies ? La question d'une régulation proprement politique de telles consultations se pose aussi à l'échelle mondiale. Et si des instances comme le G20 s'empareraient de ces questionnements, à condition de se soustraire aux impératifs de la finance ? Dans tous les cas de figure, l'éthique des nouvelles technologies devra être une éthique participative, co-construite et universelle.

Une éthique du service

La deuxième question qui se pose porte sur les contenus objectifs d'une éthique destinée aux nouvelles technologies. Que pourra-t-elle autoriser ? Que devra-t-elle interdire ? Au nom de quoi, par exemple, une telle éthique permettra-t-elle de trancher entre le principe de précaution, qui interdit d'entreprendre quoi que ce soit si un trop grand risque est encouru, et cet autre principe de vie qu'est la création ? Un principe qui nous oblige, au contraire, à rechercher le bien de la personne humaine, même si une partie des conséquences de ce que nous faisons n'est pas totalement prévisible. Certaines mesures sont déjà mises en place et peuvent être renforcées dans le domaine de l'éthique médicale. Pour éviter l'eugénisme, par exemple, la médecine prédictive est encadrée. Comment renforcer ce contrôle sans pour autant entraver le développement des diagnostics à des fins proprement médicales ? Toujours dans le domaine de la santé, des mesures qui garantissent l'accès de tous aux soins pourraient aussi être prises pour éviter que les patients, qui habitent dans des zones non connectées, par exemple, ne subissent pas les effets d'une médecine à double vitesse.

Plus fondamentalement, c'est dans le but de protéger et d'aider les personnes et le vivant que l'éthique des nouvelles technologies doit être pensée. Elle n'aura de sens que si elle incite les techniciens eux-mêmes à se mettre au service des usagers. Un exemple apparemment anodin nous invite à réfléchir à la finalité des nouvelles technologies. Lorsqu'un chômeur se rend à Pôle Emploi, il est dirigé vers un ordinateur sur lequel il peut consulter les propositions d'emploi mais il ne se retrouve pas seul face à la machine. Un agent est en effet presque toujours présent, pour deux demandeurs d'emploi cherchant côte à côte à remplir les données, chacun sur un ordinateur. Car la tâche est trop complexe ou le logiciel trop peu « convivial ». Cet exemple montre bien, en effet, que la technique n'est pas toujours pensée en vue de l'usage qui en est fait puisqu'il est nécessaire qu'une personne aide l'usager à l'utiliser, en l'occurrence. Un fossé semble se creuser, de manière générale, entre la vision du monde développée par les concepteurs des nouvelles technologies et la vision du monde des usagers. D'un côté l'ingénieur relève une prouesse technologique, de l'autre l'usager se débat dans un monde inadapté à ses besoins. Il a sa disposition des techniques privilégiées par le marketing qui ne lui sont pourtant d'aucune utilité. L'éthique des nouvelles technologies permettrait donc de faire se rencontrer l'ingénieur, l'usager et le vendeur en répondant en partie à la question du « pour quoi ? » par la question du « pour qui ? ». Plus que des groupes, qui s'opposent, ou des individus isolés, qui se replient sur eux-mêmes, les nouvelles technologies sont aussi appelées à se mettre de manière inventive au service des personnes. La priorité doit être donnée aux personnes âgées et à toutes celles qui craignent de perdre leurs repères et leur place dans la société, sans oublier les jeunes.

Du bon sens avant toute chose

Plus concrètement, une autre solution à tous les défis moraux que nous lancent les nouvelles technologies est sans doute à chercher, tout simplement, non pas du côté de grands principes inatteignables mais du côté du bon sens et d'une certaine forme de pragmatisme. La manière dont le monde agricole s'est emparé des nouvelles technologies ces dernières décennies est instructive. Après guerre, l'agriculture a été marquée par de grands progrès apportés notamment par la mécanisation, la chimie et la génétique. Ce n'est que récemment que les cultivateurs se sont rendus compte des limites du système, qui ne permettait pas de couvrir les besoins globaux de consommation. Or ils n'ont pas cherché à imposer de nouvelles technologies mais à raisonner autrement et à combiner celles qui se trouvaient déjà à leur disposition. C'est alors qu'est née l'agroécologie, qui s'intéresse notamment au renouvellement de la biomasse dans les sols en apprenant à mieux les connaître afin de pouvoir les exploiter. Le bon sens paysan commande donc de ne pas opposer les systèmes mais de les combiner. Le petit maraîcher bio qui peut vivre de son acte de commercialisation – car il produit peu – a autant d'importance que la ferme des mille vaches. En Afrique, on utilise une application pour smartphones qui envoie un SMS pour donner l'heure de point de rosée le matin. L'agriculteur place alors une bâche sur les cultures afin de préserver la rosée qui permettra aux cultures en question de combler leur besoin en eau. Le soir, à la réception d'un second SMS, il ôte la bâche en attendant le prochain point de rosée. Voilà un exemple de combinaison entre bon sens et technologie qui permet de mettre cette dernière au service de ce qui lui préexiste et qui peut être appliqué à toutes les nouvelles technologies. Autrement dit, il s'agit de revenir au réel, à la vie telle qu'elle est au plus près des écosystèmes naturels.

Les nouvelles technologies et l'éducation

Pour qu'advienne cette éthique appliquée aux nouvelles technologies, qui permettra de réduire, à terme, les fractures sociales et économiques qu'un progrès mal maîtrisé risquerait de provoquer, l'éducation a évidemment un rôle primordial à jouer. C'est en effet au sein de la famille et à l'école que les enfants se forgent un esprit critique, apprennent à faire attention aux autres et à rendre service sans oublier une certaine forme de bon sens et un esprit pratique, qui méritent d'occuper plus de place qu'aujourd'hui.

L'utilisation des nouvelles technologies doit évidemment être elle-même enseignée afin de réduire le fossé entre les enfants qui n'auraient pas la possibilité d'y accéder de la même manière chez eux. Des outils performants sont déjà utilisés aujourd'hui par de nombreux professeurs. À Rennes, par exemple, des écoles misent sur le digital. Mais, au-delà de cette initiation aux nouveaux moyens de communication, il apparaît nécessaire d'éduquer nos enfants dès le plus jeune âge à devenir libres afin de lutter contre les effets indésirables de l'immédiateté et de résister à toute forme de manipulation. Comme au sein de la famille, c'est aussi à l'école que nos enfants apprendront, en effet, à prendre des distances par rapport au flot d'informations qui déferlent sur le net en développant une véritable réflexion personnelle. Discerner pour devenir libre, rester libre et prendre confiance en soi, tel est le but de toute éducation.

C'est encore à l'école et surtout au sein de la famille que le sens du service, indispensable à la construction de relations humaines qui ordonne la technique aux besoins fondamentaux des personnes, peut être inculqué. Être tourné vers l'autre, prendre part au projet commun, apporter sa pierre à l'édifice sont autant de compétences qui s'avèrent nécessaires pour orienter la pratique des moyens techniques en particulier mais aussi pour réguler les rapports entre les hommes, en général. Cet état d'esprit est en effet de nature à éviter que des leaders se détournent d'un objectif dirigé vers le bien commun au profit de l'argent ou de leur propre pouvoir. Il faut rappeler que le capitalisme s'auto-détruit faute de respecter des règles ayant trait au droit du travail mais aussi à un certain nombre d'interdits plus fondamentaux touchant à la morale qui doivent être inculqués dès l'enfance. Max Weber rappelle que l'appât du gain, par exemple, est contraire au développement d'un sain capitalisme. Il est important aussi que le processus de l'éducation n'entre pas dans un système compétitif, voire concurrentiel même si l'émulation entre les établissements ou entre les universités peut être stimulante dans certains cas.

L'aptitude à combiner les différents systèmes, les différentes méthodes et les différents outils entre eux, sans les opposer, requiert, de manière générale, une certaine souplesse d'esprit à laquelle l'école doit aussi initier les enfants sans pour autant négliger les savoirs fondamentaux. N'est-ce pas, d'ailleurs, l'acquisition de ces savoirs qui aidera l'enfant à s'adapter à toutes les situations et qui lui permettra de passer de Vivaldi au Pokémon Go sans confondre les registres, en toute liberté ? Un socle commun de base est donc nécessaire si l'on ne veut pas que les technologies prennent le dessus faute d'être maîtrisées.

Afin de former des hommes libres et pragmatiques, capables de faire preuve du bon sens indispensable à une maîtrise intelligente des nouvelles technologies au sein d'une société en prise avec le réel, il faut aussi que l'enseignement donne bien plus de place au travail manuel, qu'il développe « l'intelligence de la main ». En France, le système éducatif demeure très élitiste. Il pousse les élèves vers les études supérieures en reléguant ceux qui échouent dans les filières professionnelles. Lesquelles sont trop souvent considérées comme des voies de garage alors que les électriciens et les plombiers bien formés ont de l'or entre les mains pour réussir leur vie contrairement à certains jeunes ayant accompli de longues études dans des filières apparemment prestigieuses qui se retrouvent trop souvent au chômage. Dans le même esprit, le développement de l'apprentissage est impératif à condition d'alléger la réglementation pour que les jeunes puissent intégrer les entreprises plus tôt. L'Allemagne est un exemple à suivre dans ce domaine.

B. Le sens du travail en question

La question des nouvelles technologies nous mène naturellement à la question du travail. C'est en effet dans le vaste champ de l'activité humaine préparée par une éducation adéquate que ces dernières sont appelées à être maîtrisées de manière pragmatique pour être mises efficacement au service de la société tout entière. Or le travail est lui-même en pleine mutation en raison de l'émergence des nouvelles technologies, bien sûr, mais aussi et surtout à cause d'autres phénomènes. Des phénomènes tout aussi importants qui ne sauraient être négligés par qui veut comprendre l'état actuel de notre économie et par qui veut surtout chercher à la rendre plus humaine. Là encore, les mutations du travail représentent un certain nombre de risques et d'opportunités qui nous renvoient individuellement et collectivement à nos propres responsabilités et qui posent ultimement la question du sens. Pourquoi, au fond, travaillons-nous ?

1. De nouvelles conditions de travail

Au-delà de la révolution numérique, trois facteurs semblent être à l'origine de l'évolution du travail : un nouveau type d'engagement dans l'activité professionnelle, une nouvelle répartition du temps de travail et la financiarisation désordonnée de l'économie.

L'impact du numérique

Au-delà de la question relativement complexe de savoir si le numérique va – oui ou non – favoriser l'emploi à l'avenir, il est indéniable qu'il modifie totalement les relations professionnelles. La révolution numérique est en effet plus subie que maîtrisée dans les entreprises à tel point qu'une véritable formation devient nécessaire pour gérer la communication en leur sein. Tous les salariés ont le sentiment de travailler dans l'immédiateté. Des outils très performants arrivent vite. Certains préfèrent ne plus donner suite aux invitations sur les réseaux sociaux professionnels. D'autres ne répondent plus au téléphone et saturent délibérément leur messagerie vocale pour obliger leurs correspondants à communiquer par SMS. La formation à de nouveaux outils peut créer, par ailleurs, une concurrence malsaine entre les salariés et générer de nombreux conflits.

Ces exemples, apparemment anecdotiques, révèlent un profond malaise et la difficulté croissante dans laquelle chacun se trouve dorénavant pour rentrer en contact avec sa propre hiérarchie, ses propres collègues, quand ce n'est pas avec son voisin de bureau. Du traumatisme que peut causer auprès des salariés un changement de logiciel dans une entreprise au refus de certains clients de se connecter en passant par les interférences entre vie privée et professionnelle causées par l'envoi de mails professionnels le week-end, par exemple, la gêne occasionnée par une utilisation désordonnée des nouveaux moyens de communication dans l'entreprise démobilise les salariés. Elle fait naître de profondes inquiétudes dans bien des cas. On regrette souvent le contact direct de la relation humaine et on se demande parfois si son activité ne sera pas remplacée demain par un robot. Telles sont les conséquences de la révolution numérique qui perturbent l'organisation du travail tout en posant la question de sa signification.

Qualifications et motivation

À la révolution numérique s'ajoute d'autres facteurs qui tendent à rendre le travail plus compliqué qu'il ne l'était par le passé. Tout d'abord, l'activité professionnelle devient de plus en plus technique et spécialisée. Les recruteurs recherchent moins des personnes que des compétences ou des qualifications. Le management se voit ainsi investi par une logique d'expertise qui empêche parfois la souplesse et la transversalité des tâches. Ensuite, certaines populations de travailleurs, comme le vivier traditionnel des fils d'agriculteurs qui avaient le sens de l'effort, sont en train de disparaître. Enfin la volatilité de la population active, notamment chez les cadres supérieurs et le *turn over* de plus en plus rapide dans des professions de plus en plus nombreuses renforce le sentiment d'instabilité. L'attachement de l'entreprise à ses salariés tend ainsi à diminuer. En retour, les salariés, qui semblent anticiper une potentielle rupture, se désengagent progressivement et se désinvestissent dans leur entreprise qu'ils savent devoir quitter deux, trois ou quatre ans après leur embauche. D'où une conception totalement nouvelle du travail chez certains, qui souhaitent se consacrer davantage à leur famille ou à leurs loisirs, par exemple, en privilégiant leur vie privée. Ce qui transparaît, par ailleurs, dans la publicité. Un renversement des valeurs peut ainsi être observé.

La question du temps de travail

C'est dans un tel contexte qu'intervient aujourd'hui le débat souvent passionné sur le temps de travail. Un débat qu'il ne s'agit pas de trancher définitivement ici mais dont il peut être intéressant de chercher à définir un peu mieux les termes, au-delà des effets de loupes médiatiques et de certains lieux communs qui faussent bien souvent la réflexion. Les Français seraient-ils donc ceux qui travaillent le moins en Europe ? Les Finlandais travaillent-ils plus qu'eux, par exemple ? Si l'on s'en tient aux temps pleins, comme le font souvent les journaux, la réponse est positive. En revanche, si l'on se réfère aux temps pleins sans pour autant oublier les temps partiels, la réponse est singulièrement différente. En effet, en France les temps partiels sont 6 % supérieurs à la durée moyenne des temps partiels européens voire 10 % (Eurostat[1]) supérieurs à l'Allemagne, à l'Espagne et à l'Angleterre, qui comptent de très nombreux travailleurs pauvres. Faute de prendre en compte la manière dont chaque pays organise les temps d'activité, la moyenne réelle d'heures travaillées par la totalité des européens est ainsi tronquée. En outre le seul décompte des semaines, qui sert souvent de critère de comparaison, n'est pas vraiment fiable. Il ne permet pas de connaître le nombre d'heures annuelles effectivement travaillées, qui peuvent varier, d'une semaine à l'autre, selon que l'on s'intéresse aux salariés ou aux travailleurs indépendants. Toutes catégories confondues – temps pleins, temps partiels, indépendants – la France occupe la 10e place. Sachant qu'elle occupe la 5e sur le plan de la productivité, cela signifie donc qu'à temps de travail égal, la France produirait donc

1. Institut Coe-Rexecode, « La durée effective annuelle du travail en France et en Europe », *Document de travail* n. 59, juin 2016, p. 8.

plus de richesses que la plupart des pays européens. « Les Français pourraient être en congés le vendredi, ils produiraient encore davantage que les Britanniques en une semaine », déclarait un journaliste de l'hebdomadaire britannique *The Economist* en 2015[1].

Le débat sur le temps de travail est évidemment lié à celui qui porte sur la nécessité ou sur la possibilité de sa répartition. Or depuis les 5 jours de 12 heures de travail sans congé, 150 ans de baisses régulières du temps de travail ont permis d'atteindre aujourd'hui 34 heures de moyenne sur la base discutable de 40 heures effectives pour les temps pleins et de 0 h pour les 6 millions de chômeurs. Comment résoudre, dans ce cas, le problème du chômage dans l'optique d'une répartition équitable du travail ? Les formations initiales et continues de qualité sont indispensables mais elles ne permettent au mieux que de couvrir les 8 % d'emplois non pourvus. En Bretagne c'est 11 900 emplois non pourvus, pour 148 330 chômeurs de catégorie A, sachant que de nombreuses enquêtes sociologiques attestent qu'au-delà des catégories B, C, D, plusieurs milliers de travailleurs ont rompus tous liens sociaux, n'accédant même plus au RSA et aux autres aides sociales (Directe Bretagne). Là encore, avec 44 510 chômeurs de catégorie A, l'Ille-et-Vilaine n'échappe pas à cette

1. *The Economist*, « The economy and productivity : Bargain basement », 12 mars 2015.

tendance de fond. Pour visualiser l'ampleur du drame qui se joue depuis trente ans, les places assises de trois stades Rennais ne suffiraient pas à accueillir l'ensemble des 92590 chômeurs en Ille-et-Vilaine… Il n'est plus possible d'accepter que le chômage soit à l'origine de si nombreux décès en France, de 10000 à 14000 par an selon une étude de l'INSERM reprise par le Conseil économique social et environnemental[1].

Enfin, la nécessité d'adapter l'activité en fonction de la conjoncture, qui n'est évidemment pas aussi linéaire qu'il y a quarante ans, a considérablement modifié notre façon de travailler et de concevoir le temps de travail. Un nouveau fonctionnement s'est mis en place avec la généralisation de l'emploi de saisonniers, par exemple. Au lieu d'employer suffisamment de salariés à temps plein, quitte à devoir les occuper dans des périodes moins chargées, les entreprises préfèrent embaucher temporairement un minimum de salariés. Un véritable basculement s'est produit avec la crise en 2008-2009, qui est venu renforcer un système mis en place dans les années 1980. De manière générale, les entreprises doivent jongler avec la compétition. Elles jouent ainsi leur survie à moyen, voire à court

1. Cette étude menée par Pierre Meneton et intitulée « Unemployement associated with high cardiovascular event rate and increased all-cause mortality in middle-aged socially privileged individuals » a été publiée dans *International Archives of Occupational and Environmental Health*, le 30 octobre 2014.

terme. L'adaptation législative et économique se fait au coup par coup faute de règles reconnues par tous qui permettraient une concurrence à armes égales avec ses plus proches voisins. Le chômage est devenu la variable d'ajustement.

Financiarisation

Enfin, à la révolution numérique, à l'évolution du recrutement et de l'investissement des salariés dans l'entreprise et à la nouvelle répartition du temps de travail s'ajoute un autre phénomène, qui affecte le sens même de l'engagement professionnel: les effets pervers de la financiarisation de l'économie. Contrairement à une croyance fort répandue, la dérégulation des marchés n'a rien d'inéluctable. Sans parler du laissé faire quant aux optimisations fiscales dans les paradis fiscaux, elle résulte de l'utilisation de nouveaux outils qui permettent à l'actionnaire de voir ses actions changer de valeur, non plus en levant la main, mais en s'en remettant à des algorithmes qui prennent position vingt-quatre heures sur vingt-quatre.

De plus, en France, la répartition du produit du travail subit des distorsions de plus en plus importantes entre la rémunération des salariés et les investissements, qui sont en baisse, d'une part, et la rémunération des actionnaires, qui est sensiblement en hausse, d'autre part. Les effets pervers de la financiarisation exposent ainsi l'économie réelle à la volatilité spéculative. Quelles qu'aient été les conséquences de 1930, les actifs financiers dépassent les valeurs d'avant la crise de 2008. Il est donc urgent que l'État rétablisse la séparation stricte des banques de dépôt afin que celles-ci soient protégées et qu'elles prêtent aux entreprises pour la « vraie économie ». Les banques d'affaires seraient plus prudentes car seuls les actionnaires seraient comptables de la perte. En cas de crise majeure, les conséquences seraient limitées. Notons enfin que cette situation est aussi le résultat de l'absence d'une offre publique pour un programme d'investissements structurants et pertinents au niveau international visant à servir les grands enjeux de la planète.

2. Pour un travail humanisant

Toutes ces mutations structurelles semblent inéluctables. Elles concernent des équilibres d'une très grande complexité. Des solutions existent pourtant. Entre une certaine forme de fatalisme, qui soumet l'homme à son destin économique de manière inexorable, et une fuite en avant dans le rêve, un juste milieu existe. Qu'il soit atteint à partir de la réalité dans laquelle nous nous trouvons pour s'ouvrir progressivement à de nouvelles perspectives, ou bien à partir de l'utopie, qui doit impérativement rejoindre la vraie vie si elle ne veut pas devenir une illusion de plus, ce juste milieu peut bel et bien être trouvé. Il en va du sens même de l'activité humaine. Des solutions concrètes existent, comme nous allons le voir, pour réduire les conséquences négatives du numérique dans le monde de l'entreprise. Des solutions existent aussi non pas tant pour trancher le débat complexe sur la répartition du travail et sa place dans la société mais pour définir de manière plus précise les termes de ce débat afin d'éviter tout malentendu et toute polémique inutile. Des solutions existent encore pour mieux répartir les richesses. Elles trouvent toutes leur origine dans l'éducation, qui permet de préparer les jeunes à travailler dans les meilleures conditions.

Réduire l'impact négatif des nouvelles technologies dans l'entreprise

Tout d'abord, afin de pallier les problèmes de communication provoqués entre les travailleurs par le numérique, une idée facile à mettre en place et peu coûteuse fait son chemin : le droit à la déconnexion en entreprise[1]. Un tel droit

1. Cf. art. 55 de la loi n. 2016-1088 du 8 août 2016 relative au travail, à la modernisation du dialogue social et à la sécurisation des parcours professionnels, *JORF* n. 0184 du 9 août 2016.

permet aux salariés de jouir de moments de tranquillité pour mener à bien leur travail sans être sollicités sans cesse par des messages électroniques. De manière plus structurelle, afin de lutter contre les ravages de la mécanisation des tâches, certains pensent que la solution est à rechercher du côté de la taxation des moyens de productions technologiques. Ce qui reviendrait, d'une certaine manière, à faire payer au robot sa cotisation, autrement dit à transférer le financement des prestations sociales d'un calcul sur le temps de travail vers une équation sur la plus-value du travail. Selon les tenants d'une telle mesure, les entreprises réduiraient ainsi la concurrence entre les travailleurs et la machine, dont la motorisation est, par ailleurs, source de pollutions fossiles et de graves incertitudes nucléaires. Encore faut-il que cela ne freine pas les indispensables progrès de la robotisation dont la France en général et la Bretagne, en particulier, ont tant besoin aujourd'hui, pour rester dans la course… Toute la difficulté de la mise en place d'une telle mesure réside là.

Mieux répartir les richesses

Plus complexe est la réforme du système de la redistribution des richesses produite par le travail. Ce système a longtemps eu un impact positif en permettant aux classes pauvres de jouir du fruit de leur travail. Mais il produit aujourd'hui de nombreuses inégalités au détriment de ceux qui n'ont pas les moyens de comprendre ce système. Comment rééquilibrer la rémunération des salariés, les investissements et la rémunération des actionnaires au profit des 50 % des ménages les moins dotés ? En France, l'habitude est de prélever beaucoup d'impôts de façon centralisée pour redistribuer ensuite via de nombreux intermédiaires. Une solution, qui supposerait de faire confiance aux structures locales, ne se trouverait-elle pas du côté d'un raccourcissement des prélèvements, qui ne fragiliserait pas la redistribution entre les territoires les mieux dotés et les plus défavorisés ?

S'adapter

Sur le fond, face aux grandes mutations du travail, une première attitude consiste tout simplement à s'adapter au rythme soutenu des évolutions. Il s'agit alors de « monter dans le train ». Qui dit adaptation dit évidemment adaptabilité, employabilité des personnes, mobilité géographique, mobilité professionnelle, remise en question permanente et prospective pour faire vivre l'entreprise afin d'attirer, de motiver et de fidéliser. L'idée de « flexi-sécurité » dans le monde du travail est à comprendre à la lumière de cette notion d'adaptabilité qui se trouve alors généralisée et imposée à tous. Au Canada et en Allemagne, quand une entreprise connaît une baisse d'activité, l'entreprise ne peut pas licencier avant d'avoir baissé le temps de travail et le salaire correspondant. Pour les salariés, cette attitude d'adaptation passe par une capacité à réajuster régulièrement sa propre vision de l'échec et, pour les managers, à accompagner les parcours dits « anormaux » ou chaotiques. Ils doivent permettre aux salariés de se tromper, de réessayer et d'évoluer en suivant une formation adéquate tout au long de leur vie professionnelle. Les jeunes, en particulier, doivent comprendre, de leur côté, qu'on ne fait plus une carrière dans un seul métier. Ce qui est relativement aisé pour certains d'entre eux qui préfèrent les CDD au « carcan » d'un emploi stable car ils leur permettent d'exercer, serait-ce temporairement, une activité qui les intéresse. « Choisissez un métier que vous aimez, vous n'aurez pas à travailler un seul jour de votre vie », disait Confucius.

Toujours dans une logique d'adaptation aux grandes mutations que connaît le monde du travail, la formation doit aller prioritairement en direction de ceux qui, faute d'avoir bénéficié d'une bonne formation de base, ont le moins de compétences. Actuellement, tous les travailleurs cotisent à la formation. Or l'écart des montants utilisés correspond quasiment aux énormes écarts de salaires. Outre la formation proprement dite, c'est l'accompagnement au changement qui doit être privilégié afin d'aider le plus de personnes possible à monter ou à « remonter dans le train »; tout en sachant que certains salariés ne le feront jamais soit parce qu'ils l'ont décidé, soit parce qu'ils n'en ont pas la possibilité. Aux responsables de respecter le choix des premiers et de tout faire pour aider les seconds. Quelques personnes se précipiteront dans le train, d'autres observeront ces derniers avec scepticisme. C'est alors qu'interviennent des spécialistes polyvalents, des référents qui guident attentivement tous ceux qui désirent s'adapter. Ces spécialistes ou ces médiateurs ont pour rôle de gérer la complexité dans une relation de confiance avec le salarié. Quand un agriculteur change de tracteur et qu'il souhaite acheter spontanément un engin avec 40 CV supplémentaires, par exemple, il faut qu'une personne de confiance, compétente et désintéressée l'aide à optimiser ses dépenses en lui demandant « pourquoi 40 CV de plus »? Ces personnes expérimentées peuvent être des salariés qui quittent le terrain, se forment, et deviennent managers ou bien consultants. Elles peuvent aussi partager leur temps entre terrain et consulting. Ce type d'accompagnement existait dans les années 1950 avec le conseil des pairs, qui fonctionnait entre personnes de confiance. Les syndicats remplissaient aussi ce rôle, plus qu'aujourd'hui. En Bretagne, l'Église a beaucoup œuvré dans ce domaine. Pensons à la JAC (Jeunesse agricole catholique) ou à la JOC (Jeunesse ouvrière chrétienne). Ces mouvements ont formé une génération de politiques, de syndicalistes et d'entrepreneurs qui n'est plus relevée. Les retraités ne pourraient-ils pas rendre aux actifs, dans le même esprit, ce qu'ils ont reçu de la société ? Beaucoup le font déjà, d'autres y aspirent. De manière générale, le local permet d'être plus proche des sujets et des problématiques et d'avoir des positions plus adaptées, idéales pour l'expérimentation.

Changer les structures de la société

À côté du discours de l'adaptation aux mutations du travail se trouve une autre logique qui consiste à refuser un tel état de fait et à changer les structures, à transformer le système de telle sorte que les mutations en question ne se produisent pas ou, si elles doivent absolument se produire, qu'elles se manifestent autrement, avec plus d'humanité. Les tenants de ce discours sont évidemment prêts à accompagner les « perdants », à qui il faut redonner confiance. Mais ils sont surtout déterminés à changer le fonctionnement d'une société qui les produit. Pour eux, la meilleure façon d'intégrer les perdants est qu'il n'y en ait plus. En d'autres termes, les partisans du changement des structures préfèrent se battre contre le monde de l'inéluctabilité plutôt que de s'y adapter. Sans aller forcément jusqu'à l'idée de décroissance une telle attitude consiste, par exemple, à rompre avec le tout concurrence, la compétition et l'accélération afin de promouvoir, par la sensibilisation de l'opinion et l'éducation de la population, une économie de production et de consommation vertueuses, qui évite le gaspillage et la surproduction. Cette idée d'une consommation autre fait ainsi du consommateur un « consom'acteur ».

La manière dont est vécu le changement dans le secteur du logement est intéressante à cet égard. Sur le long terme, nos habitations n'ont pas beaucoup évolué. Le modèle est le même depuis deux cents ans en réalité. Peu à peu, les constructeurs commencent à revenir aux fondamentaux, à réintroduire des concepts anciens. On repense l'orientation et l'inertie du bâtiment, par exemple, en évitant des technologies complexes. L'utilisation de la terre réapparaît aussi. Elle permet un circuit court puisqu'on se sert de celle qui se trouve sur le lieu de la construction. Rennes a déjà un immeuble de 46 logements en terre. Des projets d'immeubles en bois se multiplient. En Ille-et-Vilaine les murs en terre ont été réintroduits à partir du moment où les constructeurs se sont aperçus que le béton consommait énormément de sable et d'énergie notamment. Une telle « mutation » s'explique par le fait que nous sortons à peine d'une période marquée par le productivisme américain qui commença juste après la seconde guerre mondiale. Il fallait alors reconstruire le plus vite possible et au moindre coût. Les méthodes et les matériaux utilisés par nos libérateurs apparaissaient résolument modernes. On est passé des matériaux de construction naturels au béton, des meubles en bois aux meubles en formica, en abandonnant les techniques ancestrales au profit du préfabriqué. Aujourd'hui, la tendance semble s'inverser.

Le « revenu universel » en débat

Certaines propositions concrètes n'ont pas du tout le même sens selon qu'elles sont envisagées dans une logique d'adaptation aux mutations, qui est une logique purement économique, ou, au contraire, dans une logique de changement des structures, qui s'apparente à une logique culturelle. Laquelle consiste à refuser les mutations, à partir du moment où celles-ci courent le risque de laisser certains sur le bord du chemin. Pensons aux débats portant sur les « revenus universels ». Sans même parler de la question de savoir si l'État a les moyens mettre en place une telle mesure, des arguments en faveur et en défaveur d'une telle mesure peuvent être avancés, dans l'une comme dans l'autre logique.

D'après la logique de l'adaptation, certains considèrent qu'un revenu universel servirait d'amortisseur et permettrait de réduire les effets de l'exclusion économique en aidant les chômeurs, par exemple, à remettre le pied à l'étrier. Toujours dans la même logique, d'autres estiment au contraire que le revenu universel risque de décourager ses bénéficiaires et qu'une partie de la population restera mécaniquement sur le bord de la route. Ces derniers allèguent, par exemple, qu'au Qatar, la rente pétrolière a un effet démobilisateur.

D'après la logique du changement des structures, cette fois-ci, qui refuse par principe une société inhumaine, le revenu universel peut aussi être conçu de deux manières contradictoires. Indépendamment de toute considération économique, cette mesure est alors considérée comme un moyen de pallier le manque de travail en adaptant la société aux conséquences inexorables de la baisse de la croissance. Le revenu universel est alors défini comme le moyen de valoriser positivement le bénévolat, par exemple, auquel les bénéficiaires d'une telle mesure pourrait se consacrer davantage parce que travaillant moins. Les autres, soucieux de promouvoir la dignité de l'homme, contestent cette mesure en pointant le risque d'assistanat, par exemple, ou de désengagement politique dans une société de plus en plus individualiste. Chacun ayant de quoi «remplir son caddie», à quoi bon se battre pour des conditions de travail plus dignes? La question n'est donc pas de savoir, de ce point de vue, si le revenu universel est souhaitable mais pourquoi il le serait, en vue de quel progrès humain, toute considération économique relative au manque de travail mise à part.

Valoriser l'utilité sociale de l'entreprise

Par-delà ces deux logiques d'adaptation individuelle et de réforme structurelle de l'économie, une autre solution vise à rendre le travail plus humain face aux nouvelles conditions de travail dans un contexte marqué par la révolution numérique, la financiarisation débridée de l'économie et le désengagement des salariés. Elle consiste à valoriser l'utilité sociale et humaine de l'entreprise indépendamment de son rôle proprement économique.

Une telle valorisation passe d'abord par l'encouragement de l'économie sociale et solidaire qui véhicule, par définition, des valeurs non marchandes. L'économie sociale et solidaire bretonne a créé 17000 emplois depuis dix ans entre 2005 et 2015 soit une croissance de 18 % (Observatoire régional de l'économie sociale et solidaire). Sur les mêmes années le reste de l'économie privée en a créé à peine 700. Mais c'est sur la période la plus récente (2010-2015) que le rôle de l'ESS s'est accentué : l'économie privée (hors ESS) a perdu 2600 emplois quand l'ESS en a gagné 6900. Une véritable croissance est ainsi portée par le secteur sanitaire et médico-social mais également par les services aux entreprises, le sport et l'animation. Le mécénat d'entreprises dans le domaine social doit aussi être mentionné. Il joue souvent un rôle considérable dans l'environnement immédiat des entreprises concernées.

Néanmoins, l'utilité sociale de l'entreprise ne se réduit pas à l'économie sociale et solidaire ou au mécénat d'entreprise, aussi louables soient-ils. Chaque entreprise, quel que soit son champ d'activité, peut permettre en effet aux salariés de s'épanouir humainement tout en subvenant à leurs besoins. Le ré-enchantement du travail passe sans doute par la découverte de cette dimension de l'entreprise. Le comportement des salariés est, avec l'environnement, ce qui compte le plus pour les jeunes qui rentrent dans le monde du travail. C'est, en particulier, dans l'entreprise que peuvent se développer l'amour du travail, une passion, la vie d'équipe et, plus encore, la responsabilité de chacun, même si d'autres lieux sont naturellement propices à la réalisation de soi. Une bonne organisation du travail est apte à rendre les employés capables de se mobiliser en groupe, d'être efficaces, de se mettre à l'écoute de chacun. L'entreprise peut aussi être le lieu de l'apprentissage du consensus, un lieu de transmission entre les générations.

L'école a un rôle fondamental à jouer dans la valorisation de l'utilité sociale de l'entreprise à travers la mise en place du partenariat entreprise-écoles, par exemple. Au-delà de l'école proprement dite, c'est la formation continue qui doit permettre de faire comprendre aux salariés que l'entreprise est un lieu d'humanisation, pour toutes les raisons évoquées ci-dessus.

C. La gouvernance à l'épreuve de la participation

Outre les conséquences des mutations technologiques et des mutations du travail lui-même, les effets d'un autre type d'évolution transforment en profondeur le paysage économique en remettant en cause le sens même du politique : la mutation de nos institutions. C'est l'organisation de la société tout entière qui se trouve sommée d'évoluer sous l'effet conjugué de toutes ces nouveautés auxquelles s'ajoute l'épuisement des structures anciennes. Il semble que le vieux monde de la verticalité, où les relations humaines étaient régulées par de multiples hiérarchies incarnées par les institutions, est supplanté par un nouveau paradigme, totalement inimaginable il y a trente ans. Celui de l'horizontalité, des réseaux et des interactions multiples.

Dans ces conditions, face au changement trop brutal dans le domaine des relations que les individus peuvent tisser entre eux au sein des différents groupes auxquels ils appartiennent, que faire pour préserver un lien durable ? À quoi nous rattacher ? Est-ce au bien commun, à l'intérêt général, à des valeurs, à des identités ? En d'autres termes, comment humaniser nos organisations dont dépend l'économie ? Quelles responsabilités pour ceux dont la tâche consiste à gouverner ? Et si, face à cette crise institutionnelle majeure que traverse notre pays, comme toutes les sociétés occidentales, l'entreprise pouvait servir de point de repère et soutenir d'autres initiatives tendant à ré-enchanter notre vie collective ?

1. Le risque de rupture avec la base

À tous les échelons régionaux, nationaux et européens, les institutions sont à la peine. Pour un nombre croissant de nos concitoyens, l'État n'est bon qu'à produire des règlements qui entravent leur activité économique. D'où le rejet massif de la population qui se sent de moins en moins bien représentée et qui ne croit plus au politique en général, laissant s'installer un individualisme malsain.

De haut en bas

Idéalement, dans une démocratie, les institutions, qu'elles s'inscrivent dans le champ territorial, politique ou administratif, sont des outils qui servent à civiliser les relations. Tous les individus ne perçoivent pas le rôle de ces dernières de la même manière à cause de l'éducation qu'ils ont reçue, par exemple. Mais tous attendent d'elles plus ou moins consciemment qu'elles servent en quelque sorte de passerelle entre les individus et entre les groupes qui composent la société. Or les institutions sont perçues aujourd'hui comme des réalités d'« en haut », qui s'imposent à celles d'« en bas ».

Il existe en France de nombreuses compétences mais elles peinent à se transformer en activités nouvelles et pérennes. Car notre pays est gouverné verticalement, selon le modèle de reconstruction de l'après-guerre. Or ce système est rendu obsolète par le numérique, qui procède de manière transversale. À défaut de réagir, nous ne rentrerons pas dans l'économie mondialisée et numérisée de demain et d'après-demain. En France, à cause du poids considérable des grands corps techniques, qui ne développent qu'une vision à court terme dans des domaines où ils ne sont pas vraiment attendus, l'esprit d'innovation semble bloqué. Alors que notre pays a tout pour réussir, il ne décolle pas ou pas assez vite. Dette nationale, chômage de masse et baisse du niveau scolaire fragilisent notre économie et l'exposent à de graves difficultés. La moindre hausse des taux d'intérêt risque de mettre la France en fort mauvaise posture. Historiquement, les États avaient le pouvoir sur l'économie. Quand l'État décidait, les entreprises suivaient. Aujourd'hui, c'est l'inverse.

À l'échelon européen, le constat est le même. Malgré tous les avantages que l'Union aura apportés – pensons à la paix qu'elle a permis de créer entre d'anciens pays belligérants mais aussi à la visibilité internationale ainsi qu'au poids économique qu'elle représente, malgré tout – elle paraît en grande partie discréditée. Chacun pense qu'il devrait pouvoir tirer un bénéfice de ce qui a été mis en commun. Mais l'Union européenne donne trop souvent l'impression de libéraliser l'économie en faisant de la concurrence le dieu suprême. L'exemple de conflits récents entre les États-Unis et de nombreuses banques européennes solvables qui avaient intérêt à payer tout de suite pour éviter tout procès, est significatif. Inversement, durant la crise des *subprimes*, lors de laquelle les organes de contrôle économiques et financiers américains se sont montrés défaillants, l'UE a payé sans rien demander en retour.

En définitive, pour la plupart de nos concitoyens, les institutions ne font que générer des réglementations contraignantes. Ne serait-ce qu'à l'échelle d'un conseil municipal, l'exigence de mise aux normes, à laquelle sont conditionnées les subventions, est devenue insupportable. Aucune place ne semble être laissée à l'initiative. La réglementation est devenue un carcan pour le projet d'une entreprise. Or son principal rôle devrait être de constituer un environnement juridique favorable qui lui permette de s'adapter sans problèmes aux grandes mutations que subit l'économie. Les grands groupes internationaux peuvent dépasser ces carcans, mais les entreprises nationales, PME et artisans ont plus de difficultés. Il semble que certains responsables politiques oublient que tous les dirigeants ne sont pas des patrons du CAC 40. En somme, le concret et la vie ont été remplacés par le pragmatisme froid des ratios et des statistiques. Ce sont dorénavant ces indicateurs et non les individus qui déterminent les changements.

Rejet des institutions

Les citoyens ont le sentiment de ne pas être consultés et de subir des décisions discutées et appliquées sans eux par les pouvoirs publics. En outre, les évolutions, les changements institutionnels souvent complexes et les contraintes qui les rendent nécessaires demeurent peu lisibles, pour la plupart. L'absence d'implication des populations en amont rend donc difficilement réalisable toute forme d'adhésion volontaire et compromet la moindre réforme. La réforme des régions, par exemple, répond à un certain nombre d'impératifs économiques et de besoins administratifs très précis. Cependant, elle a été mal perçue par une partie des Français qui regrettent son absence d'ancrage historique. La Bretagne, grâce à une identité forte et à la qualité du dialogue qui existe entre les institutions et les citoyens, a su rester et restera un acteur économique phare, mais ce n'est pas le cas de toutes les régions.

Malgré d'heureuses exceptions, le fossé entre les citoyens et la classe politique se creuse donc de jour en jour. Les élus sont jugés trop nombreux et pas assez efficaces tandis que les membres de la société civile peinent à trouver leur place dans le débat public de même que les corps intermédiaires, qui ont parfois le sentiment d'être oubliés. Quant à la représentation syndicale, elle n'a rien à voir avec celle d'autres pays comme l'Allemagne, par exemple. Il résulte de cette situation une faible participation des citoyens à la vie publique et une profonde crise de la représentativité qui s'exprime évidemment par l'abstention. Le vote, qui demeure le seul moyen de participation concret à la vie démocratique, est boudé plus que jamais. Tout se passe en définitive comme si les politiques et les institutions ne savaient plus produire d'utopie, au sens noble du terme. Le rêve européen, qui s'est transformé en cauchemar technocratique politiquement nul, aux yeux des plus pessimistes, illustre un tel échec avec éclat.

L'individualisme semble donc s'installer inexorablement dans notre société. Ceux qui développent une approche collective, souvent plus coûteuse en énergie et plus contraignante, ne se sentent pas encouragés. Par ailleurs, le retour à la préférence nationale que l'on peut observer chez des puissances économiques mondiales de premier rang comme les États-Unis et le Royaume-Uni, traduit sans conteste un mouvement de repli sur soi. N'est-ce pas ce qui risque d'être à l'œuvre aussi, d'une certaine manière, dans le marketing du « Acheter français » ?

Pour toutes ces raisons, apparaît la nécessité de faire évoluer les institutions afin qu'elles soient capables de développer une vraie capacité d'écoute de la part des responsables mais aussi et surtout l'envie de s'engager chez les citoyens désireux de trouver des ponts par lesquels se rejoindre à travers leurs différences.

2. Pour une gouvernance humanisante

Faute de pouvoir s'exprimer dans la sphère publique à cause d'une représentation jugée limitée, nombreux sont les hommes et les femmes qui trouvent dans l'entreprise une organisation humaine, pour ne pas dire une communauté, qui donne sens à leur action et à leur vie. Une organisation qui, dès lors qu'elle est participative, répond au besoin de chacun d'adhérer à un projet et d'y trouver sa place. Et si nos institutions s'en inspiraient pour laisser libre cours à la responsabilité des personnes, pour les impliquer dans une démarche sous-tendue par des valeurs fortes et pour faciliter leurs relations et ce, dès le plus jeune âge, à l'école ?

Les entreprises, un modèle d'organisation ?

Sous de nombreux aspects les sociétés coopératives et participatives ainsi que toutes les entreprises qui veillent à développer un management bienveillant peuvent servir de modèle à la société ainsi qu'à ses institutions. Avec la famille, l'entreprise constitue, de fait, une cellule de base de la société où chacun est appelé à rentrer dans la logique de la différence vécue comme une complémentarité. Une logique de partage et d'échanges entre les individus autour d'un projet commun, quelle que soit la taille de l'entreprise. L'entreprise est comparable à ces bateaux qui accueillent des personnes handicapées où l'on découvre que le meilleur barreur peut être l'aveugle du groupe, qui ressent les choses plus qu'il ne les voit et qui apprend ainsi aux « voyants » à utiliser de nouvelles sensations et de nouveaux repères pour avancer. Autrement dit, la richesse que l'entreprise produit n'est pas seulement une richesse économique à partager équitablement mais aussi une richesse humaine. L'entreprise peut aussi être le lieu de la mixité sociale que nos institutions ont tant de mal à faire vivre.

Dans une ère mondialisée, où les interrogations persistent sur un ensemble de modèles tels que nous les connaissons, il semble donc indispensable, au-delà de tous les clichés, de considérer l'entreprise comme une entité à défendre. Il s'agit de reconnaître non seulement son utilité sociale mais aussi sa capacité à fédérer les hommes et les femmes entre eux. La vie en entreprise est en effet basée sur la confiance. Confiance dans la différence, pourvu que chacun respecte les règles du jeu, dont la laïcité. Confiance entre les dirigeants et les salariés autour d'un projet commun mené dans la transparence. Confiance entre les collectivités publiques et les entreprises.

Les luttes stériles n'ont pas leur place dans l'entreprise. Les critiques peuvent y être constructives et les confrontations nécessaires pour renouveler des réponses cohérentes, comme dans tout groupe social. Néanmoins, l'opposition entre les salariés, d'après leur origine ou leur milieu social, y est contre-productive. Par ailleurs, l'entreprise est un lieu « multi-culturel » où se croisent les regards et les approches. Un lieu où les différences ne doivent pas être gommées mais conjuguées et perçues comme autant de chances. Les différences culturelles sont un problème lorsque les uns essaient d'imposer aux autres leur supériorité. Mais si les personnes se retrouvent autour d'un projet commun et des valeurs aussi universelles que celles de l'effort, du travail, de l'attention aux autres et de l'environnement – sans oublier l'émerveillement face à la beauté –, il n'y a pas lieu de craindre la différence, bien au contraire. La notion de partage est au cœur de ce qui fait le ressort de l'entreprise : l'innovation.

Leadership et gouvernance

À plus d'un titre, certaines figures de manager sont de nature à inspirer les responsables institutionnels, qui cherchent, comme eux, à provoquer l'adhésion de personnes. Qu'il soit propriétaire de son capital, désigné par un conseil d'actionnaires, d'adhérents associatifs ou par une coopérative de travailleurs, le chef d'entreprise se doit d'organiser en effet l'échange et la conjugaison des différences sans avoir à gérer les idéologies, qui sont de l'ordre de l'intime. Cultivant la transparence et l'esprit d'équipe, il donne du sens et propose un projet cohérent, équilibré et stimulant qui fait comprendre à chacun qu'il est indispensable et qui permet aux salariés de se construire humainement. Toute personne a besoin de se sentir utile de manière générale. Comme ces personnes âgées dépendantes qui se laissent mourir lorsqu'elles pensent être un poids pour la société, chaque salarié, chaque citoyen se désinvestit d'une activité où il ne trouve pas sa place.

Comme les entreprises, les institutions sont donc appelées à recréer activement des liens entre elles et les individus en leur fournissant des éclairages, en les rendant acteurs de projets clairs, en prenant en considération leur opinion. Plus que jamais, les responsables, et les responsables politiques en particulier, auront à se mettre à l'écoute et à souligner avant toute chose l'intérêt et le sens des projets proposés, avant la sempiternelle question des moyens. Car il s'agit de provoquer une véritable implication des personnes. Les nouvelles technologies vont jouer un rôle prépondérant à l'avenir dans les rapports de la population avec les autorités publiques. La présence des politiques sur les sites d'informations (Twitter, Facebook) est significative. À chacun d'en faire un bon usage sans croire qu'une telle présence puisse remplacer la présence quotidienne et fidèle auprès des administrés.

La Bretagne est le témoin et l'exemple du dynamisme engendré par un projet qui parvient à conjuguer les forces économiques et institutionnelles d'un même territoire. La capacité d'aller de l'avant, d'oser, de s'ouvrir tout en s'enracinant sont à la source de son développement. Le projet breton a valorisé les talents de chacun en favorisant, de ce fait, l'éclosion de multiples initiatives dans un climat de confiance. Mais le projet breton, comme tout projet porteur, s'est aussi appuyé sur de solides valeurs ancrées collectivement. En définitive le maître mot d'un projet est la coopération. Coopération au sein de l'entreprise, entre tous les acteurs – de la répartition des tâches à celle des bénéfices – mais aussi coopération entre État et entreprises, entre l'Éducation Nationale et les besoins du marché du travail. Toute activité ne se développe que si elle repose sur de nombreux partenariats. Des prouesses ont ainsi été réalisées au cœur des mutations les plus douloureuses en Ille-et-Vilaine. Prenons l'exemple de PSA qui embauchait 12000 et 14000 salariés rennais il y a dix ou quinze ans et à peine plus de 3000 aujourd'hui. Le directeur actuel du site a remué ciel et terre pour conserver deux lignes de production dont une qui aurait dû partir en Chine. Grâce à l'énergie de ce dirigeant, à la richesse des infrastructures, à la qualité de la fabrication et aux efforts combinés des salariés l'usine de Rennes a montré qu'elle était capable d'être aussi bonne que d'autres usines dans le monde. Citons aussi, dans un tout autre domaine, le développement de Scarabée biocoop, un regroupement de consommateurs de produits biologiques qui continue d'ouvrir des magasins à Rennes en facilitant la distribution de productions locales et en expérimentant une forme de management participatif dans lequel chacun a la possibilité de prendre les fonctions qui l'intéressent.

Responsabilité personnelle

L'élan impulsé par ce type de gouvernance participative, qui est intimement lié à l'esprit d'entreprise, peut être communiqué à la société civile par certaines personnalités qui créent autour d'elles l'émulation nécessaire à l'éclosion de nouveaux talents. Mais plus le territoire est petit plus il est facile à un leader d'émerger en s'appuyant sur des personnalités locales et des entreprises particulières. Plus le territoire est vaste, en revanche, plus les leaders se font rares car l'échelle devient de plus en plus grande et la cohésion de plus en plus difficile à réaliser.

Hormis ces cas de réussites locales, c'est par l'engagement de chacun que la démarche participative, telle qu'elle est mise en œuvre, de leur côté, par les entreprises, peut être instillée dans la société. Il revient d'abord à chaque citoyen, comme à chaque salarié, de rentrer dans une logique de dialogue et de respect, qui mette en avant l'humain et qui cherche à comprendre ceux qui ne sont pas d'accord avec soi, sans oublier de transmettre aux jeunes générations. Une logique qui conçoit l'autre comme une part de soi-même. Car si les élus et les responsables institutionnels ont des responsabilités, les citoyens doivent aussi assumer les leurs personnellement. De telles dispositions supposent évidemment de remettre en cause sa propre vision du monde et son propre vocabulaire en refusant, par exemple, de ne voir dans la vie politique qu'un ensemble d'« opposants » qui se disputent le pouvoir. C'est alors que pourra se recréer un véritable lien entre les personnes et les institutions et que le fameux « vivre ensemble » et les non moins illustres liberté, égalité et fraternité déploieront tout leur sens. Au-delà du vivre ensemble, c'est le « faire ensemble » qui ouvrira d'autres perspectives de sens, un sens commun idéalement partagé par tous. En définitive, il nous faut revenir à la base de toute vie sociale, c'est-à-dire aux échanges grâce auxquels l'intelligence de chacun peut servir à construire la société.

Nées du conflit entre les hommes, les institutions doivent ainsi retrouver à travers tous ces actes concrets leur vocation première : réguler les rapports sociaux et institutionnaliser les débats dans le but de remettre les citoyens au cœur du processus de la construction politique, sans pour autant être à la remorque des évolutions – ou des régressions – sociétales. Supprimer les redondances, développer les échanges internes et externes, respecter la volonté des individus, s'ancrer dans l'expérience accumulée au fil des décennies et des siècles, tels sont donc les défis à relever par les institutions de demain en Bretagne et en France.

Donner du sens et des valeurs à la vie en commun

On l'aura compris, la réinvention d'une gouvernance participative, qui présuppose une adhésion pleine et entière des citoyens, capable de rénover les institutions, pose la question du sens et des valeurs. Non pas un sens et des valeurs abstraits mais un sens et des valeurs qui renvoient très concrètement à rien de moins qu'une *identité*. Nous vivons en effet une période de grande insécurité. Une insécurité économique bien sûr, liée à une crispation idéologique du marché du travail et aux nouvelles formes d'emploi souvent précaires, mais aussi une insécurité personnelle, affective, familiale etc. Or, face à tant d'incertitudes, seul un profond sentiment d'appartenance semble capable de rassurer les individus, qu'il s'agisse de l'appartenance à une famille, à une entreprise ou à un autre groupe. Faute de se savoir membre à part entière d'une communauté clairement identifiée et identifiable, l'individu se tournera inévitablement vers des miroirs aux alouettes et des communautarismes sectaires qui prétendent expliquer le monde et ses difficultés de façon simpliste. Ce n'est qu'ancré dans une communauté portée par des valeurs fortes – et non seulement par un projet matériel – que chaque individu pourra s'ouvrir à d'autres individus issus d'autres communautés et qu'il se reconnaîtra alors membre à part entière d'une seule et même communauté nationale. L'enjeu est considérable : trouver un projet capable de souder, de rassembler.

Au fond, la question n'est pas tant de savoir comment éviter la tempête mais comment faire en sorte que la maison commune puisse résister, quand la tempête viendra. Quelles sont nos valeurs communes ? Comment, malgré tous les événements contraires, pourrons-nous nous retrouver autour d'un « bien commun », qui nous unit ? Que désigne ce « nous » ? Comment répondre à ces questions de telle sorte qu'il intègre tous les Bretons, tous les Français, tous les êtres humains ?

Les traditions et les racines forment indéniablement un socle solide. Poser un cadre de sens, des valeurs communes permet d'organiser la liberté, d'oser, de susciter l'expression de l'autre. Les libertés seront d'autant plus respectées que chacun saura qu'un cadre et des limites sont posées non pas à travers des règles contraignantes et subies mais grâce à une morale véritable qui rassemble et favorise l'esprit de responsabilité.

Parmi les traditions sur lesquelles il s'agit de bâtir la maison commune afin qu'elle résiste à toutes les tempêtes, celles qui promeuvent le respect de la personne humaine sont particulièrement fiables. Mettre au centre la personne humaine signifie reconnaître une éminente dignité en chacun et valoriser les personnes a priori diminuées sans les stigmatiser dès le plus jeune âge. Il convient évidemment ici de distinguer individu et personne car la promotion de la dignité de la personne humaine n'engendre pas l'individualisme.

Nous revenons au fondement indispensable à une vie sociale aboutie et au bon fonctionnement des institutions : la confiance. Là encore, la confiance en question ne renvoie pas à une réalité abstraite ou à un sentiment personnel. Elle s'exprime au sein de la sphère politique et économique dans le cas très concret des contrats, par exemple. Autant la peur du risque, une application rigoriste du principe de précaution et la recherche du meilleur rapport qualité prix inspirent-elles une certaine défiance et briment-elles toute forme d'innovation dans le cadre de l'appel d'offres, autant la confiance doit être de mise au moment de la réalisation des travaux consécutifs à la signature du contrat, à condition de reconnaître et d'assumer ses erreurs, si nécessaire. À l'heure où certains acteurs cherchent à judiciariser les affaires et à ne prendre aucun risque, la confiance représente un véritable défi.

Pour un État « facilitateur »

Les mutations institutionnelles que vit notre pays ont pour conséquence de redéfinir le rôle de l'État. Or les citoyens attendent dorénavant de lui qu'il passe du rôle de faiseur à celui de facilitateur, d'accompagnateur et « d'amortisseur ». Nombreux sont aussi ceux qui pensent que les dirigeants politiques, de manière générale, doivent anticiper davantage. Nous n'attendons plus de l'État qu'il soit à l'origine du changement, qui est impulsé par la société civile. Nous attendons qu'il participe pleinement aux mutations que ce changement génère en mesurant les enjeux et en discernant, par exemple, quelles utilisations prioritaires d'une innovation peuvent et doivent être privilégiées ou bien quelles interdictions doivent être prononcées, au contraire. Les instances qui jouent ce rôle d'anticipation méritent d'être redynamisées, en Bretagne comme ailleurs, par une écoute attentive des habitants des territoires périphériques, des quartiers et des campagnes, sans oublier l'ouverture aux jeunes.

La question est de savoir si l'État peut vraiment se mettre au service des entreprises et si oui, comment. Les uns, sans s'interdire de demander des avantages spécifiques au nom de la concurrence ou de la création d'emploi, plaident pour un investissement minimal des pouvoirs publics. Ils s'en remettent à la sagesse populaire selon laquelle on gouverne bien de loin et on administre mieux de près. Les autres rappellent, au contraire, que l'État doit passer du rôle de faiseur à celui de facilitateur sans pour autant laisser libre cours à toutes les initiatives économiques. Car certaines d'entre elles peuvent mettre en péril l'équilibre social et le devenir de l'humanité tout entière. Dans le domaine de la recherche sur les gènes, par exemple, le risque est que nous assistions passivement à un brevetage du vivant. Or le patrimoine génétique n'est pas, de fait, la propriété d'une entreprise privée. En définitive, l'État doit trouver un juste milieu entre un interventionnisme invasif et un laisser faire sans limite. Dans le domaine de la construction, aux côtés du maître d'ouvrage, qui est le responsable du déroulement du projet de construction, se trouve le maître d'œuvre, qui conçoit et suit les travaux mais il y a aussi les usagers, les habitants, les locataires dont l'expertise s'apparente à une sorte de « maîtrise d'usage », la vraie maîtrise et la véritable expertise venant ultimement des usagers eux-mêmes. Dans le domaine politique, l'État joue le rôle d'un maître d'ouvrage ou d'un maître d'œuvre, qui doit faire confiance aux usagers et à leur expertise, en prenant les bonnes décisions au moment opportun.

Sur le plan des valeurs, le rôle de l'État consiste à rappeler l'intérêt général en veillant à ce que l'expression de la majorité et des plus faibles soit respectée. Une fois élus, les responsables politiques doivent ainsi s'engager avec transparence pour remplir leur mandat. Ceci étant dit, ce n'est pas parce qu'un État, serait-ce l'État français, promulgue et promeut des valeurs que celles-ci deviennent mécaniquement universelles. L'Histoire nous a montré que les États, lorsqu'ils deviennent totalitaires, peuvent en effet promouvoir des valeurs ou des contre-valeurs mortifères. La question des droits de l'homme est intéressante à ce sujet. Certains déplorent que cet idéal du siècle des Lumières n'ait pas aujourd'hui de traduction politique satisfaisante alors que l'État nation, dans lequel la Déclaration des droits de l'homme est née, est en train de disparaître. Cet exemple pose aussi la question délicate de l'articulation entre bien commun et intérêt général, entre projet de société et projet politique tout en sachant que, dans ce domaine comme dans beaucoup d'autres, le plus difficile n'est pas de dire, serait-ce avec solennité, mais de faire.

Éduquer à la transversalité

C'est aussi par la promotion d'une éducation digne de ce nom que l'État pourra, entre autres, faciliter l'avènement de cette nouvelle manière d'être et de vivre ensemble dans une logique participative capable de sauver nos institutions. Une logique qui permet à une société de construire un projet commun et de s'adapter à tous les changements dans le domaine social, économique et politique. L'école doit non seulement permettre aux enfants d'accumuler des connaissances, d'acquérir un savoir et des compétences mais aussi de réfléchir, de construire une véritable vision du monde pour apprendre à travailler ensemble. Cette notion de vision est fondamentale dans une société transformée par des mutations profondes et soumise à de multiples influences, internes et externes, qui rendent le jeu institutionnel de plus en plus illisible.

L'école doit aussi être le creuset d'une nouvelle utopie définie non pas comme une illusion stérile mais comme la projection collective vers un avenir idéal à partir de valeurs fondatrices partagées par tous. Une utopie qui soit aussi respectueuse de l'identité de chacun. Le travail en groupe peut ainsi préparer le travail en équipe. En employant une expression quelque peu provocatrice, on pourrait dire que le système éducatif devrait apprendre aux élèves à entrer davantage en « trans ». C'est-à-dire qu'il devrait apprendre aux élèves à discerner ce qui est transversal, à transgresser un certain nombre de codes ou de cadres préétablis sans rentrer dans le moule. La politique prioritaire est, de ce point de vue, la politique éducative. Là encore, l'État doit être facilitateur et laisser beaucoup plus d'autonomie dans le domaine de l'enseignement supérieur. Il doit aussi garantir la mixité sociale au sein de parcours de formation qui se déploient tout au long de la vie.

D. Nos territoires

C'est dans les territoires que les conséquences des mutations institutionnelles se font le plus ressentir car elles se conjuguent avec les effets tout aussi déstabilisants des mutations démographiques, géographiques et environnementales qui conditionnent pour une bonne part l'activité économique actuelle. Mais c'est aussi dans les territoires que se trouvent les ressources qui permettent d'assumer ces conséquences et de tirer profit de toutes ces mutations – y compris la mutation technologique. En Bretagne, l'agriculture et la mer sont des atouts majeurs.

Encore faut-il opérer des choix administratifs et écologiques judicieux qui permettent aux habitants de prendre des initiatives susceptibles de rendre la vie du territoire plus attractive. Il y a fort à parier que l'humanisation de l'économie passera moins par une organisation verticale faite de décrets, de mesures et de procédures que par la mobilisation de tous les acteurs de la vie sociale et économique, en dehors des sentiers battus, au gré de nouvelles formes de partenariats, d'entraides et de solidarités locales.

1. Le malaise local

Force est de constater qu'il existe aujourd'hui dans notre pays un climat pesant de défiance et un fort sentiment d'abandon dans les territoires ruraux notamment. Cette situation peut d'abord s'expliquer par l'appauvrissement et la précarisation des populations. Le malaise peut aussi avoir une cause plus profonde et plus complexe qui renvoie à un problème de reconnaissance. Les habitants de certaines zones ont en effet l'impression de ne pas être estimés pour ce qu'ils sont. Avec la transformation accélérée des savoirs et de technologies de plus en plus puissantes, les compétences et les richesses s'agglomèrent dans des métropoles. Ainsi se trouvent externalisés en périphérie urbaine et rurale les sous-traitants et les travailleurs de moindre qualification, sans compter ceux qui sont considérés comme inemployables. Sur le plan de l'aménagement du territoire, un certain nombre de mesures ont heureusement été prises pour réduire l'étalement urbain, en cohérence avec la nécessité de sauvegarder les espaces agricoles ou naturels et de réduire les effets des migrations automobiles journalières. Cependant des fractures territoriales se cristallisent.

Un problème d'échelle

Par ailleurs, l'infrastructure communale semble de plus en plus obsolète alors que la communauté de communes apparaît trop souvent coupée des préoccupations des petites communes. C'est alors que se pose à l'échelle territoriale la question de la représentation et de la délégation du pouvoir. La logique économique, qui consiste à réunir des petites entités territoriales au sein de plus grands ensembles, rentre en conflit avec celle qui privilégie le local et pose la question de savoir s'il faut dépenser l'argent des collectivités dans le tout ou dans la partie.

Plus largement, en Ille-et-Vilaine, comme dans beaucoup d'autres départements français, le malaise s'explique par les concentrations et les fusions-acquisitions d'entreprises industrielles ou de services, qui conduisent à une concentration et à un éloignement des pouvoirs de décisions et des pouvoirs financiers. Ces mutations adviennent avec, en toile de fond, un fort sentiment de porosité entre les pouvoirs démocratiques nationaux et les pouvoirs privés des très grands groupes financiers. La disparition progressive des capitaines d'industrie en Bretagne et en Ille-et-Vilaine et la concentration des coopératives au profit de groupes nationaux ou multinationaux fragilisent ainsi le tissu productif à l'échelle du territoire. Faute d'investissements, une région comme la Bretagne a manqué la première révolution industrielle. Il ne faudrait pas que les mutations en cours lui échappent pour les mêmes raisons.

Le spectre de la « dé-spécialisation »

Le sentiment d'abandon dans les territoires doit évidemment être replacé dans le contexte de la globalisation. Pris dans l'élan de ce processus irréversible, qui est loin d'être parvenu à son terme, les territoires s'interrogent en effet sur leur spécificité. Une spécificité qui ne les rendrait pas interchangeables avec d'autres territoires et qui ferait de leur spécialité une marque de fabrique inimitable, comme l'est devenue en cinquante ans la fabrication d'emmental dans l'Ouest de la France, par exemple. Or, le fait est qu'il existe de moins en moins de spécialisation territoriale. Dans un monde ouvert où s'est instaurée durablement une nouvelle dialectique entre distance et proximité, ce phénomène de « dé-spécialisation » a des conséquences redoutables sur le plan géographique mais aussi et surtout dans le domaine de l'emploi et du savoir-faire.

2. Valoriser et préserver les ressources

Face à ce malaise et à cette morosité, que l'instabilité du monde ambiant exacerbe, il s'agit donc de revenir à l'essentiel: les ressources naturelles d'une part et les ressources humaines d'autre part. De ce point de vue, le territoire peut représenter un puissant repère pour des individus perdus qui recherchent un ancrage fort. Encore faut-il que l'économique, le social et le culturel s'articulent correctement en conjuguant accueil et identité, enracinement et ouverture sur le monde.

Terre, mer et air

Parmi les atouts que recèle un département comme l'Ille-et-Vilaine, l'agriculture figure en très bonne place. La technologie doit donc être mise à son service pour réduire la pénibilité des tâches et optimiser le travail accompli. À long terme et de manière globale, les cultivateurs auront à répondre à de nombreux défis. En effet, l'accroissement considérable de la population mondiale provoquera naturellement de nouveaux besoins. Même si les retombées immédiates et locales d'un tel accroissement ne sont pas toujours palpables, il n'en reste pas moins qu'il s'agit là d'un phénomène majeur et structurant pour l'économie sans que l'on puisse savoir si les pays en voie de développement se réapproprieront l'autosuffisance alimentaire ou si notre région développera ses exportations internationales.

La mer constitue aussi une spécificité remarquable. À l'échelle régionale, l'océan demeure en effet une chance et une force pour la Bretagne. Le littoral impulse en effet une dynamique d'échanges avec le monde entier tout en offrant de nombreuses ressources ainsi qu'une capacité de production énergétique importante. Pour valoriser la spécialité de notre territoire, les usines marémotrices, la pêche et l'élevage marin ont un grand rôle à jouer à l'avenir, à condition que la côte soit préservée de la pollution bien évidemment. L'exemple des algues vertes est instructif à cet égard. Catastrophe écologique impactant de manière non négligeable l'activité touristique dans un premier temps, leur apparition devint très vite un atout dès lors que ces algues furent perçues et traitées non seulement comme une nuisance mais comme une source d'énergie potentielle. Sans chercher pour autant à en produire davantage dans ce but, sauf dans le cadre d'une exploitation contrôlée, il s'agit à l'avenir de s'inspirer de ce genre d'expérience d'adaptation.

Remarquons que la sauvegarde du littoral est indispensable au développement de l'activité touristique, qui s'y concentre pour une grande part, dans la région Bretagne. Ainsi, comme le révèle une étude récente[1] deux emplois touristiques sur trois se situent sur l'espace littoral qui ne représente pourtant que 20 % de sa superficie. De manière générale, le tourisme représente en Bretagne pas moins de 46300 emplois en moyenne sur l'année situant cette région à la 6e place des régions comptant le plus d'emplois touristiques en France métropolitaine. L'Île-de-France est de loin la première région avec plus de 250000 emplois touristiques, suivie de Rhône-Alpes et Provence-Alpes-Côte d'Azur qui en comptent chacune plus de 100000. Viennent ensuite les régions Aquitaine, Languedoc-Roussillon et Bretagne. La même étude nous apprend qu'en 2011, en Bretagne, les emplois touristiques représentent 3,9 % de l'emploi total régional, ce qui place la région selon cet indicateur en 8e position derrière les trois régions méditerranéennes et les régions Rhône-Alpes, Aquitaine, Basse-Normandie et Île-de-France.

Mais il ne suffit pas d'identifier et de valoriser les ressources naturelles pour rendre notre économie plus humaine. Il s'agit de les préserver, sans oublier la première d'entre elles, qui est en voie de raréfaction un peu partout sur la planète : l'air respirable. De ce point de vue d'énormes progrès ont déjà été faits. Le fonctionnement électrique pour les transports urbains est envisagé de plus en plus sérieusement, par exemple.

1. Insee Analyses Bretagne, n. 24, 7 juillet 2015.

Les véhicules électriques permettent en outre une économie importante sur le carburant et des frais d'entretien quasi inexistants. Toujours au sujet de l'électricité, rappelons que la Bretagne produit seulement 15 % de son électricité. Le fait que de 84 % de la production française d'électricité soit d'origine nucléaire n'est pas sans faire débat.

Outre le passage à l'électrique, un autre moyen efficace de réduire la pollution de l'air existe : favoriser les circuits courts. L'adaptation législative que nécessite une telle évolution est pour le moment beaucoup trop faible mais ce principe est à développer dans un avenir proche avec une réelle volonté économique et politique. Sans parler de l'écotaxe et de la défiscalisation des kilomètres, il en va de l'aménagement du territoire. Chaque commune excentrée des lieux de travail, de commerce et d'activités peut-elle continuer à proposer des terrains constructibles indéfiniment du seul fait que le déplacement automobile est moins coûteux que la différence du prix des terrains et que les investissements routiers sont payés par d'autres collectivités publiques ? En définitive, même si la tendance aux circuits courts est croissante et que ses critères se précisent de jour en jour, la réflexion mérite d'être encore approfondie…

La préservation des ressources naturelles ne sera possible que si les pouvoirs publics veillent à sensibiliser régulièrement les populations sur les questions écologiques avec des élus moteurs qui n'interviennent pas simplement sur le mode de la réaction, suite à une catastrophe écologique, mais par conviction, sur le long court. Dans la société de la connaissance qui est la nôtre, l'éducation à l'environnement a aussi toute sa place. Précisons pour finir que, même si toutes les conditions sont réunies pour le respect des critères environnementaux en général, il est plus facile d'atteindre l'objectif attendu pour les grands groupes que pour les petites et moyennes entreprises ou pour les collectivités n'ayant pas le budget nécessaire.

Attractivité humaine

Une fois valorisés et préservés ces atouts, il s'agit de rendre le territoire encore plus attractif en accueillant de nouvelles entreprises qui élaborent des projets ambitieux avec des lieux d'études qui donnent envie aux jeunes de venir et surtout de rester sur le territoire. En Bretagne, plus de cinquante laboratoires publics travaillent à la recherche de nouvelles technologies en électronique, informatique, télécoms, automatisme. Ces centres offrent aux entreprises de valoriser des recherches appliquées et de développer des techniques et produits nouveaux. Un institut comme l'IRT B-Com (Institut de Recherche Technologique), labellisé par l'État, associe des partenaires publics et privés pour développer en commun des programmes numériques dans les réseaux haut débit, d'images virtuelles, de e-Santé, des filières très compétitives et créatrices d'emplois pour demain. Cet institut innove au plus haut niveau dans les domaines de l'image, des réseaux fixes et mobiles ultra haut débit et de la médecine du futur. En relation directe avec l'IRT B-Com, la Bretagne compte quatre pôles de compétitivité (Images et Réseaux, Mer Bretagne Atlantique, Agroalimentaire Valorial, IDforCAR-filière véhicules). C'est un gage de réussite et d'innovation pour la région, qui n'enlève rien bien sûr à la nécessité de se réapproprier les techniques et les savoir-faire ancestraux respectueuses de l'environnement, dans le domaine de l'agroéconomie, par exemple. Il convient donc de s'appuyer sur ces structures et pôles très performants pour développer la formation professionnelle du lycée à l'université, l'apprentissage, la mobilité, pour anticiper et/ou être à l'initiative des mutations et des emplois de demain. Investir massivement dans la formation, l'accompagnement professionnel et la (ré)orientation des demandeurs d'emploi vers de véritables cycles de qualification en lien avec les besoins et les compétences est le meilleur choix que l'on puisse faire pour l'avenir.

C'est enfin le déploiement d'un réseau de proximité efficace conjugué à une généreuse ouverture à l'international qui sera en mesure de redonner au territoire un dynamisme nouveau capable de dissiper tous les malaises, que ceux-ci aient pour origine une certaine forme d'abandon réel ou supposé ou bien le repli sur soi. Pour ce faire, une logique de long terme doit être instaurée à tous les niveaux de l'État. Les territoires sont totalement ouverts désormais de sorte qu'il existe, de fait, une dé-corrélation sans doute irréversible entre territoire et géographie. Autrement dit, les mutations géographiques comptent de moins en moins dans la vie des territoires. Ne pas prendre en compte cette réalité reviendrait à enfermer le département dans une spirale négative.

3. Au service des habitants

Un territoire est avant tout constitué d'hommes et de femmes. C'est ultimement en améliorant leurs conditions de vie que passera l'humanisation de l'économie à cette échelle que ce soit par des choix institutionnels clairs et audacieux, par la mise en place d'une politique d'accueil efficace ou par le développement du tissu associatif, qui est particulièrement riche en Ille-et-Vilaine.

Entre recentralisation et décentralisation

Sur le plan proprement institutionnel, deux logiques s'offrent globalement aux élus pour tirer le meilleur profit des mutations actuelles. La première est une logique de recentralisation totale ou partielle. Dans ce cas, les moyens sont plus importants. Mutualisation des moyens, regroupement territorial et unité de services de proximité peuvent ainsi permettre de redonner aux campagnes leur mission première. La deuxième logique est une logique de décentralisation approfondie, qui passe, au contraire, par la démultiplication des pôles. Laquelle entraîne la division des moyens et le rapprochement de l'administration et des citoyens. La première logique suppose un temps d'adaptation douloureux, une réaffectation compliquée des moyens publics et un investissement lourd sur les transports reliant ville et campagne. De plus, il faut trouver la taille d'agglomération la plus fonctionnelle et régler de gros problèmes de représentation. Quant à la deuxième logique, elle permet de « sauver » le rural en y conservant des communautés vivantes mais la question des relais administratifs, plus ou moins complexifiés, se pose et les moyens surtout viennent ultimement à manquer. Aucune de ces deux logiques n'est évidemment applicable mais l'avenir est à leur conjugaison. Peut-être la solution consiste-t-elle, dans l'immédiat, à continuer d'agglomérer ce qui peut l'être et à travailler sur les compétences obligatoires ou optionnelles de chaque entité. Ne pourrait-on pas aussi inventer des services aux publics, qui ne soient pas forcément des services publics, pour permettre à toutes les populations de vivre comme les autres ? Certaines communes louent déjà, par exemple, des locaux à des supérettes multi-services.

D'un point de vue financier, des territoires comme la Bretagne et l'Ille-et-Vilaine sont des territoires qui disposent d'importantes réserves sous forme d'épargne domestique. Des simulations ont montré que des emprunts obligataires sur des grands projets seraient largement couverts. Pourquoi ne pas financer ainsi des fonds régionaux pérennes destinés à soutenir les activités économiques porteuses d'innovation et garantes d'un développement régional équilibré ?

Intégration ou assimilation ?

Au-delà de ces considérations techniques, il est important que la Bretagne reste une terre d'accueil. Mais comment concevoir l'accueil, en général ? Sur cette question semble apparaître une fracture philosophique au sein de la population. Un territoire, une région, un pays, doit-il « intégrer » ou « assimiler » les nouveaux arrivants ? Une certaine forme de communautarisme de type anglo-saxon, qui n'envisage l'accueil qu'en termes d'intégration économique, sans référence à l'histoire et à la culture de la zone concernée, peut s'opposer à une autre vision de l'accueil, qui passe par l'assimilation des personnes à travers l'acquisition de la langue des accueillants, par exemple. Même si la question ne se pose pas de la même manière en Bretagne que dans d'autres régions et qu'il n'est évidemment pas question d'imposer l'apprentissage du breton ou du gallo à tout nouvel arrivant, les grands débats nationaux voire internationaux sur ces thématiques y trouvent naturellement un écho, comme partout. Quel équilibre trouver entre enracinement et ouverture ?

Le défi de la mixité sociale est tout aussi grand que celui de l'accueil. La forte poussée démographique que connaît l'Ille-et-Vilaine la rend d'ailleurs d'autant plus cruciale et nécessite, de fait, des politiques d'habitat, d'éducation, de santé, d'infrastructure, de culture à la hauteur du phénomène auquel nous assistons. Personne ou presque ne rejette la mixité sociale par principe. Tout le monde sait qu'elle doit passer par la répartition du logement social et l'offre de services de qualité équitablement répartie sur tout le territoire. Mais chacun cherche instinctivement à rejoindre une population qui lui ressemble, tout en sachant que le profil sociologique des quartiers ou des communes évolue en permanence. Finalement, la question de l'accueil et de la mixité sociale renvoie encore et toujours à la question du liant, du commun. Dans quelle mesure la République d'une part ou l'Europe d'autre part peuvent-elles constituer un tel liant ? Comment éviter que la société ne devienne qu'une juxtaposition de groupes aux identités irréconciliables à l'heure où les tensions communautaires font craindre à certains rien de moins qu'une guerre civile dans certaines parties de l'hexagone ?

Quels que soient ses soubassements idéologiques et philosophiques, une politique d'accueil digne de ce nom ne peut qu'être une politique de coordination. Une politique qui responsabilise les habitants, à travers la proposition de parrainage de famille à famille, par exemple, mais aussi et surtout une politique de conviction fondée sur des principes et non pas sur des préoccupations purement organisationnelles. L'école et le sport sont des vecteurs importants de socialisation. Le rôle du maire est capital à ce sujet comme celui des élus de quartier, qui ont aussi leur carte à jouer. Enfin la politique d'accueil doit être concertée pour éviter la concurrence territoriale. Le département d'Ille-et-Vilaine a une responsabilité dans ce domaine à l'échelle de la Bretagne car il « siphonne » les cadres, qui se forment sur son territoire et qui ne retournent pas dans leur département d'origine. C'est ainsi que le centre Bretagne est désertifié même si les Britanniques y sont (encore) présents.

La force du bénévolat

Enfin, sans parler des infrastructures, des dispositifs et des planifications, essentielles par ailleurs, c'est le monde associatif qui fait la richesse d'un territoire. Les associations sont en effet des exemples de solidarités locales qui fonctionnent avec une vision forte, mêlant désintéressement et charisme propre au service du développement de la collectivité. La Bretagne est particulièrement bien lotie dans ce domaine. Pensons au scoutisme ou à d'autres formes associatives d'éducation qui jouent un rôle important pour la socialisation des enfants mais aussi pour celle des parents, qui demandent parfois à se retrouver entre eux. Qu'ils s'installent à demeure ou qu'ils passent quelques années seulement dans le département, les habitants aspirent à trouver auprès des associations une manière d'enrichir leur existence, tant comme usagers que comme bénévoles.

Cependant les personnes engagées dans les associations n'ont pas toujours le sentiment d'être reconnues. Le fait est que les bénévoles, qui n'ont jamais été aussi nombreux en Bretagne, ne sont pas assez appréciés pour « le bien qu'ils veulent », comme le rappelle l'étymologie de ce terme, et qu'ils font autour d'eux. Certes, la meilleure chose que les pouvoirs publics ont à faire auprès des associations est sans doute de garantir leur autonomie et de laisser la place à toutes les initiatives. Mais cela n'empêche pas de reconnaître d'une manière ou d'une autre que certaines associations assurent des missions que l'État serait bien en mal de réaliser. Le bénévolat est une activité à part entière. D'aucuns estiment aujourd'hui que l'associatif devrait faire l'objet d'une rémunération à ce titre ou qu'il devrait être davantage valorisé. Sa production sociale d'intérêt général et parfois d'utilité publique pourrait ainsi être reconnue à l'instar du dispositif fiscal qui prend en compte une partie des dons fait par les particuliers ou encore du mécénat de compétences réalisé par certaines entreprises. Ainsi le temps d'engagement investi serait à parité avec la catégorie des dons monétarisés. Cette orientation constituerait un réel encouragement à un moment où les actions bénévoles auront à prendre davantage le relais de l'action publique.

Certaines expériences prouvent que des associations peuvent être à l'origine d'une activité économique qui dynamise tout un territoire. L'exemple voisin du Puy du Fou est particulièrement intéressant de ce point de vue. Il est né autour d'un projet mémoriel focalisé sur les guerres de Vendée dans le pays du bocage. Or le pays maraîcher, qui ne profitait pas des retombées économiques, s'est senti exclu. Un projet orienté vers la mer a donc vu le jour : le Vendée Globe. Peut-être la Bretagne verra-t-elle naître des projets similaires dans les prochaines années ?

En somme, le bénévolat nous renvoie à la responsabilité de chaque habitant d'un territoire et à la nécessité impérieuse de ne pas tout attendre des institutions, qui ne peuvent pas se substituer aux forces vives de la population.

Liste des personnes ayant participé à la démarche dont le présent ouvrage est l'aboutissement

Laurent ANEZOT-LALLEMAND, directeur opérationnel ADEOS

Georges BAFFET, chercheur en biologie

Michel BELLION, ancien directeur – délégué national au Maritime (AGEFOS-PME)

Germain BERTRAND, formateur à la retraite, militant associatif et syndicaliste (CFTC)

Jérôme BIVER, gérant

Gaby BONNAND, syndicaliste et mutualiste

Olivier BOURQUARD

Michel BREJON, directeur général du cabinet de maîtrise d'œuvre Bâtir France Ingénierie

Éric CERTAIN, pharmacien

Bruno CHAMPOLLION, directeur d'EHPAD

Olivier CLANCHIN

Ludovic CORVOL, dirigeant de PME

Jean-Yves DELAUNE, entrepreneur-développeur

Michel DORIN, ancien dirigeant de Doriès Consultants

Jean-Baptiste DUBREUIL, agent général d'AXA Prévoyance et Patrimoine à Rennes

Stéphane de FOLLEVILLE, gérant de sociétés

Jacques FRANÇOIS, dirigeant des sociétés du Goupe PAJELE et président du club d'entreprises ADPE de Redon Bretagne Sud

Dominique de FREMOND, avocat

Stéphane GARDETTE, président de la région Bretagne des EDC (Entrepreneurs et dirigeants chrétiens) et président du Cercle Jacques Cartier ; avocat, ancien bâtonnier.

Samuel GARNIER, responsable équipe agroalimentaire

Françoise GAUTIER, directrice dans l'enseignement catholique de Bretagne

Gwenaël GODIN, directeur d'un établissement de santé à but non lucratif (Rennes)

Jean-Marc GUIHARD, administrateur de Bretagne Atelier (association 1901, entreprise d'intérêt général pour l'emploi des handicapés)

Floriane HAQUIN, commerciale chez Saint-Gobain

Michel HENRY, ingénieur Télécoms

Séverine du JONCHAY, membre des EDC (Entrepreneurs et dirigeants chrétiens), équipe de Saint-Malo, co-dirigeante et pôle gestion/finance, Domaine des Ormes

Arnaud de LA CHESNAIS, président de Directoire Domaine des Ormes

Florence LAHAYE, directrice d'Agence Dumas Associés

Sophie LAISNÉ, architecte DPLG, urbaniste OPQU SARL Atelier du Canal, société d'architecture, d'urbanisme et de paysage

Bernard de La Morinière, cultivateur

François Lebel, directeur administratif et financier d'un établissement de santé à but non lucratif (Rennes)

Élisabeth Le Boité-Teillet, responsable qualité et système d'information (Santé Informatique Bretagne).

Jean-François Ledeuil, bénévole de l'association Culture manuelle et technique, retraité artisanat du bâtiment

Didier Le Du, directeur du journal *Le Paysan breton*

Joël Legendre, ingénieur, responsable du support client dans l'aéronautique

Yann Lejolivet, cadre bancaire

Alain Le Menn, militant associatif et syndical

Jelle Lemaitre, docteur en droit, membre associé de l'IODE (UMR CNRS 6262).

Jean Lemesle, administrateur d'associations

Éric Lequertier, président de SAS Éric Lequertier

François Linclau, commercial pièces agricoles

Olaf Malgras, engagé dans l'économie sociale et solidaire

Florence Meny-Tual, journaliste

François Miginiac, directeur commercial, responsable associatif

Thomas Millon, chef d'entreprise

Olivier MORICE-MORAND, directeur de Santé Informatique Bretagne

David OUVRARD, docteur en science politique, directeur de cabinet de collectivités locales

Vincent PASQUET, chef d'entreprise – Pasquet Menuiseries

Willy PATSOURIS, directeur d'association

Marc du PELOUX, Orange Labs, ingénieur Télécoms

Jacques PINCHARD, directeur d'Habitation écologique

Jean-Pierre ROLLAND, gérant de société

Mohammed ROUBI, Santé Informatique Bretagne

Lucie ROUYER, chargée recrutement-formation

Stéphane VERNAY, journaliste

Frédéric VIGNON

Liste des secrétaires

Jeanne de BOURNONVILLE, étudiante en licence d'histoire à l'Institut catholique de Rennes

Matthieu COLIN, séminariste au séminaire Saint-Yves de Rennes

Matthieu CORSON, séminariste au séminaire Saint-Yves de Rennes

Laurent DANIELLOU, séminariste au séminaire Saint-Yves de Rennes

Pierre-Hugues Dubois, étudiant en école d'ingénieur

Benoît Federici, étudiant ingénieur généraliste

Donatien Furet, étudiant en gestion à l'IGR

Anne-Claire Gaschignard, étudiante en licence de droit à l'Institut catholique de Rennes

Benjamin Guetin, étudiant ingénieur SUPELEC

Nolwenn Hamon-Bertheleme, étudiante en Master de droit public à l'Université de Rennes-1

Pierrick Harivel, séminariste au séminaire Saint-Yves de Rennes

Thibaut Huchet, étudiant en licence de droit à l'Institut catholique de Rennes

Brieuc Quil, étudiant en Master de droit à l'Université de Rennes-1

Antoine Theret, étudiant en classe préparatoire commerce ECS, Saint-Vincent (Rennes)

Mabintou Toure, étudiante en Master de droit à l'Université de Rennes-1

Coordinateur de l'ouvrage: Thomas Gueydier

TABLE

Cet ouvrage a été composé
par Atlant'Communication
au Bernard (Vendée).

Achevé d'imprimer sur
sur les presses de

Achevé d'imprimer le 3 avril 2017
sur les presses de
La Manufacture - Imprimeur – 52200 Langres
Tél. : (33) 325 845 892

N° imprimeur : 170333 - Dépôt légal : avril 2017
Imprimé en France